ちくま学芸文庫

気流の鳴る音

真木悠介

筑摩書房

目次

■気流の鳴る音

■旅のノートから

■交響するコミューン

気流の鳴る音——交響するコミューン——

気流の鳴る音

序　「共同体」のかなたへ

――コミューン構想のための比較社会学・序説――

一　ラカンドンの耳

メキシコの南部、グァテマラとの国境近くのラカンハ河上流の森林地帯に、ラカンドンというマヤの一支族が住んでいる。現存する人類の中では最も原始的な生活を保っている部族の一つといわれる。彼らと生活を共にしたメキシコ在住の画家竹田鎮三郎氏から、こんな話をきいたことがある。

ラカンドンの多くがやっているように、川の水の中に首までつかって、暑い日中の時間をやりすごしていると、とつぜん一人の青年がたちあがり、この部族固有の長髪をなびかせて森林を走りはじめる。ボナンパクの壁画やパレンケのレリーフそのままの誇り高い鼻梁をもった貴族的な横顔の青年である。青年が何故走りはじめるのか竹田氏には当初理解できない。この青年ばかりではなく、部族の全体がそわそわしはじめる。やがて十五分位もたって、竹田氏の耳に遠く機音がきこえはじめる。飛行機が近づいてくるのだ。この地球上最後にのこされた未開の地にさえ、今では時折白人の研究者や観光客などが、チャーターしたセスナ機などで訪れて来る。ラカンドンが狩猟のための火薬や銃弾や、プラスチックの製品などを手に入れる交易の機会だ。青年は信じられぬほど遠い距離からその音をききつけ、交易用のタバコや石器をたずさえて走り出すのだ。

原生的な人類が、文明化された人間にとってほとんど信じられないほどの視覚や聴覚をもつという事は、多くの民族誌が語っているし、現地調査にたずさわる多くの文化人類学者たちが体験するところである。このことはそれ自体としては、さしあたりどうということもない。文明化された人間は、そのかわり望遠鏡をもち、ラジオやテレビジョンをもっているので、ラカンドンよりもはるかに遠くを見、遠くの音を聴くこともできる。

けれどもこのような視覚や聴覚の退化ということを、われわれをとりまく自然や宇宙にたいして、あるいは人間相互にたいして、われわれが喪ってきた多くの感覚の、氷山の一角かもしれないと考えてみることもできる。

たとえばランダムに散乱する星の群れから、天空いっぱいにくっきりと構造化された星座と、その彩なす物語とを展開する古代の人びとの感性と理性は、どのような明晰さの諸次元をもっていたのか。

あるいはつぎのような「讃歌」をうたったナヴァホのインディアンたちは、彼らをとりかこみ、彼らをひたしていた世界にたいして、どのような日常の美学と哲学をもっていたのか。

美がまえにある
美がうしろにある
美が上を舞う
美が下を舞う
私はそれにかこまれている
私はそれにひたされている
若い日の私はそれを知る

そして老いた日に
しずかに私は歩くだろう
このうつくしい道のゆくまま*

* *Walk Quietly The Beautiful Trail ; Lyrics and Legends of the American Indian*, Hallmark Editions, 1973, p. 49.

彼らの身のうごきにたいして、自然の障害物のほかにはどのような境界線をも知らなかったこれらアメリカ大陸の原住民の子孫の一人は、こんにち異る文明の中で、つぎのような悲痛な詩をうたっている。

思いを変える　黒馬のエマーソン
雨あられと降る土砂のかいまに
消えてゆくこのなつかしい道
道は身もだえ　かきむしり
ああ窒息する　息ができない

かつて父祖たちの歩んだここを
　年老いたものが私に語る
どこでもいいから掘りかえすがいい
　忘れられた道具などが出てくるはずだ

休む時なく私は駆られ
　止まる場所さえ私は知らない
飛び起きて私は風の声をきく
　風はうなり、金切声をあげて叫ぶ
「引きかえせ！　道がちがうぞ！」

その時私は思い起こす
　北風があの道を吹きさらってしまったことを
私はもう行くことができない

あのなつかしい父祖たちの道を
二つの文化のあいだに立って
　思いを変える
重い足どりで新しい道をとるのだ
レインボー・ハイウェイの舗装された道を
私は新しい方角に向う*

　* *op. cit.*, pp. 50 f.

自然とか宇宙のうごきにたいする感応の深さやゆたかさが（それに対応して存在する客観的世界のゆたかさ——道具や道や集落や都市のありようと共に）そのいくつかの質的な次元において喪われたとき、きりつめられ貧困化された感性と理性とは、それなりで自己充足的な明瞭さの空間を張って安住し、通常は喪われた諸次元について思いをはせることもない。

たまたま視覚とか聴覚のような、客観的に測定しうる感覚の量的な退縮のみは、たとえば十五分後には機音がわれわれにもきこえてくるとか、いくつもの丘のむこうを事実走行したトラックの記録とかいう、固陋な近代理性にとっても否応のないデータをとおして、われわれの感覚の欠落部分を外的に立証してみせてくれる。

けれどもそれは、雨あられと降る文明の土砂のかなたに圧殺され、近代理性の流れるようなハイウェイの舗装の下に窒息する多くの感性と理性の次元の、小さな露頭にすぎないかもしれないのである。

*

マリノフスキーは東ニューギニアのトロブリアンド諸島の調査から、性的な抑圧のない社会の実在を論証している。ライヒはこの調査を基礎に、彼のユートピア構想を展開している。性的なオルガスムスを人間的なエロスの全体性から抽象し、それのみを絶対化する傾向をもつライヒのユートピア構想に、われわれは批判を留保する。けれどもわれわれが、空気のように自明のものとして呼吸しているこの近代文明を、根柢から超える未来を呼びもとめるとき、われわれの想像力を、手ごたえのある具体性をもって解き放ってくれる素材が、この文明の外の諸世界にはじめて求めうることは明らかである。

反近代主義者たちのように近代を否定するためにではなく、〈近代〉をもまた来るべき世界のための一つの素材として相対化し、あらたな生命をふきこんで賦活することのためにも、こんにちこの作業は必要なのだ。

ライヒは性と抑圧の問題を基軸としたが、権力と差別の問題、分業と所有の問題、育児と教育（人間の再生産）の問題、食べること、着ること・住むことの意味の問題、幻想と反日常性の問題、生と死の基礎的なイメージの問題、時間と空間の枠組みの問題、宇宙感覚と自然への基礎的な態度の問題、狩猟と農耕・農耕と都市の問題、共同体相互の関係の問題、といったたがいに重層し関連しあうさまざまな主題の交錯する総体において、これら異世界の素材から、われわれの未来のための構想力の翼を獲得することができる。

二　紫陽花と餅

学生のころ「ユートピアの会」という研究会で、山岸会という団体の人を招いて話をきいたことがある。私が興味をもったのは、この団体では労働が強制されないということであった。社会的な必要労働をどのように配分するかということは、未来を構想するときの基礎的なネックの一つだ。近代市民社会＝資本制社会のように、「飢えの鞭」＝生活の必要性をとおしてこれを特定の階級に強制するのか、中国の社会主義のように「人民への奉仕」といった道義的規範意識をテコとするのか、あるいはソ連の社会主義のように、利潤動機と名誉心、権力による強制とイデオロギー的規範意識等々を組合わせて動員するのか。しかし労働が自発的になされる他は強制されないという世界は、マルクスの終極的なユートピアとしてイメージはもっていたものの、具体的なかたちとしては当時の私の想像をこえるものであった。山岸会は労働を強制しないという神話を打破するために、絶対に働かないという決心を固めて山岸会にいった男が、五十七日ほど釣りばかりしてすごしていたが、つまらなくなってニワトリの世話などしはじめたという話もきいた。少し出来すぎた話のような気もするが、たとえ事実でなく寓話であるにせよ、そのようなことを、少なくとも原理としタテマエとする集団が実在することを、私は心強く思った。

しかし一方その人の話の中には、その当時の私にとってうけいれがたい所説も多かった。たとえば山岸会は、ニワトリの独自の飼い方で有名なのだが、それは一般の鶏舎のように一羽一羽ケージにとじこめる飼い方ではなく、平飼い社会式といって自然に近い飼い方をする。一般の鶏舎でそのまねをすると、強いニワトリが弱い仲間をつついて傷つけたりエサを独占したりして決してうまくいかないのだが、山岸会のニワトリは仲がいいのは、飼っている人間どうしが仲がいいからだ、などといわれる。人間の共同性とニワトリの共同性とのこの因果づけの仕方は、ばかばかしいこじつけとしか思われなかった。

結局すぐに行ってみる気にはならずに十年ほどもすぎて、ふとしたことから、一週間の「研鑽」に参加する機会をもった。「強制なき労働」のシステムが存在するのかどうか、はそのときもわからなかった。しつこく調査すれば答えをだすことはできただろうが、そういう関わり方をしたいとは思わなかった。むしろこのとき私が中で体感したことは、私がばかばかしい反面だと思っていた、人間と自然との連動性のようなものの方にこそ、事の本質があるのだということだった。人間の共同性とニワトリの共同性とを、それぞれ抽象してとりだしてきて、二変数の関数関係のようにげんみつな因果連関があるわけではない。しかし人間の自然にたいする感触が、他の人間への対応の中に反映し、このような人と人との関係が逆に自然を取扱う仕方にあらわれ、それが植物の育ち方とか動物の相互の関係のうちに反映し、それがふたたび人と人との関係を形成している、そのような連動関係が幾重にも存在すること。「人間がなごやかだからニワトリもなごやかだ」という言い方は、げんみつな因果連関の表現ではなく、自然と人間のこのような連動の総体性の寓話的な表現として納得することができる。殺風景な社会はかならず自己の周囲に殺風景な自然を生み出す。草や木や動物たちとの交歓を享受する能力は、同時に人間の関係性への味覚をしなやかに発達させる。

労働が強制されない社会が実在するか否か、私は今でもしらない。しかしもしそのような社会が存在しうるとすれば、すなわち労働がそれ自体よろこびとして、マルクスが書いているように、人間生命の発現としてありうるとすれば、そこでは必ず、人間と人間との関係のみでなく、人間と自然との関係が根本から変わらねばならないだろう。あるいは人間の存在感覚のようなものが、市民社会の人間とは異った次元を獲得しなければならないだろう。

われわれの社会構想がラディカルであろうとすれば、それは社会のシステムの構想のみで完結することはできない。コミューン論は、人間と人間との関係のあり方を問うばかりでなく、自然論、宇宙論、存在論をその中に包括しなければならない。

＊

ある重度の身心障害者の行末を案じた東京の若い施設員が、山岸会でその人を生かしてもらえないかと思って、この会の仕事をしていた野本三吉さんに紹介をたのんだことがある。野本さんは山岸会よりも奈良の紫陽花邑（あじさいむら）という所の方がいいだろうと言って、結局その人は紫陽花邑にいる。あとで野本さんはその時のことを、「山岸会は話合いだからだめだと思った」と言っていた。「エゴのつよい人は山岸会にゆくとほぐれていいですが、弱い人や病気の人は紫陽花邑の方が幸福になるのです。」

「話合いだからだめだ」という野本さんの直感は、本質的な問題を提起していると思う。紫陽花邑のばあい、「感覚でスッと通じてしまう」と野本さんはいう。紫陽花邑を訪れたことのある人には、野本さんのいうことの感じがつかめると思う。この〈話合い〉と〈感覚〉という、共同性の存立の二つの様式、二つの契機の問題は、われわれのコミューン構想にとって、最も深い地層にまでその根を達する困難な問題をつきつけてくる。

山岸会では〈ニギリメシとモチ〉ということをよく言う。ニギリメシでは、一粒一粒の米粒は独立したままで集合しているにすぎないのに対し、モチでは米粒そのものが融解して一体のものとなっている。他のさまざまな「共同体」では、ニギリメシの如く、「我執」（エゴ）をもったまま個人が連合しているだけなので相剋や矛盾を含むが、研鑽をとおしてエゴそのものを抜いている山岸会においては、モチの如くに矛盾もなく相剋もない「一体社会」を実現するという趣旨である。

他方「紫陽花邑」という命名の趣旨は、あたかも紫陽花がその花の一つ一つを花開かせることをとおして、その彩りの変化のうちに花房としての美をみせるように、邑に住む者のひとりひとりが、それぞれの人となりに従って花開くことをとおして、おのずから集合としてのかがやきをも発揮しようとするものである。

二つの集団の自己規定は対照的だ。すなわち集団としてのあり方を性格づけるにあたって、山岸会では一体性を、紫陽花邑では多様性をまずみずからの心として置く。

しかもこのことは、先にみてきた〈話合い〉――〈感覚〉という、共同性の存立方式における対比と、逆立しているようにみえる。〈感覚でスッと通じる〉ということの方が、個我相互間の、ある直接的な通底を前提するのにたいして、〈話合い〉による「公意」への参画という、媒介された共同性の形成の仕方においては、より多く個々の成員の「多様性」を前提もし、またこれを再生産もするように考えられる。

極限的な共同性（モチ！）をその理念とする集団が、まさにそれ故に、その現実の運動において、諸個体の個体性をより敏感に前提する方式をえらび、多様に開花する個体性（あじさい！）をその心とする集団が、まさにそのことにおいてある共同性を直接に存立せしめてしまう。あらゆるコミューンの実践にとって最も根本的な問題——人間の個体性と共同性の弁証法の問題が、この逆説のうちに鋭く提起されている。

＊

山岸会の「一体社会」において、諸個人の個性——感覚や欲望や能力の差異——は抹消するわけではないし、したがって相剋や矛盾ということも、事実抹消するわけではない。もしこれらが完全に抹消しているとすれば「研鑽」は入口ですみ、以後は技術的な協議、打合わせ以外には必要ないはずである。しかし現実の山岸会は、「モチ」をその理念として志向する悠揚たる永久革命である。これは山岸会の限界ではなく、逆にその可能性である。山岸会を全体主義から区別するのは、「無固定前進」「零位に立つ」というラディカリズムである。それはあらかじめ枠付けられた観念のうちに諸個人を封じ込む全体性でなく、逆に諸個人の事実ある多様性を素材として総意をねりあげてゆく装置である。しかしこのラディカリズムを現実に保証するのは、たえず矛盾をその内部から提起する個性の多様性であり、これが同質化してしまう度合に応じて、「無固定」も「前進」もその内容を失って凝固してしまうだろう。モチはあくまでも絵にかいたモチであることに、山岸会の活力はある。

*

身体障害者がたとえば片手で食事をする。ごはんをこぼしたり奇妙な身の動かし方をしたりする。それは一般の人間にコッケイだという感じを与える。しかしそれを笑ったりすることは許されないことだ、というのが一般の良心的な差別反対運動の精神である。けれども紫陽花邑ではちがう。おかしいものはおかしいやないか、といって屈託なく笑う。その本人もいっしょになって笑う。それが紫陽花邑の世界だ。両手のそろった人間がメシを食うよりも、片手の人間がメシを食うことはたのしいことだ。「障害者」ということば自体が、差別語でありけしからん、という議論がなされる。紫陽花邑の人は、「この人は重度の身障者です」というようなことを、そこにホクロがあるというようにさらりと言ってしまう。そのことがそこにいっしょに立っている本人を決して傷つけないだけの、関係の実質をもっているからだ。

差別語を問題にすることは、差別語においてたまたま露出してくる関係の実質に切り込むための糸口としてのみ重要だ。ひとつひとつの差別語が差別語として流通することを支える、この関係の総体性に切りこむことなしに、差別語を言語それ自体のレベルですくい取ってリストを作り、他の無差別語か区別語かに言いかえることは矛盾のいんぺいにすぎず、「新平民」とか“handicapped”とか「目の不自由な方」というような、新しい差別語を増殖させるだけだ。

紫陽花邑の精神的な支柱になっている矢追日聖さんは神道の法主《ほっす》さんである。ナムタカマガハラというようなおつとめを毎朝するが、別にそのことを周囲の人に強いもしないし、推奨さえしない。事実この邑の人たちは、ほとんど儀式にも出ないという。それでいて法主さんに心から敬服している。柏手《かしわで》を打つのもいいし、打たなくてもいい、ということによって逆に、柏手以前のある感覚の共有性がうかびあがってくる。「信仰」以前の原信仰といってもいいだろう。それはたとえば、存在するもの——自然や人間——へのおどろきの感覚のようなもの、したがってこれらのものを、特定の宗派的「信仰」にむけて整形してしまうことへの畏《おそ》れのようなものかもしれない。

野本さんが先の身障者の話の折に、「感覚」を言いかえて「信仰といってもいいかもしれない」と表現するとき、それはこのような原信仰、あるいは、畏れる能力のようなものだと思う。野本さんはあいさつのとき、合掌されることがある。しかし私はにここにこするだけで合掌はしない。私自身の身体の自然な動き方として、今のところ合掌ということはでてこないし、そうである以上不自然に合掌するよりも、ただにこにこしていた方が野本さんには通じるように思われるからだ。しかし野本さんがあまりにも自然に合掌するので、ついつりこまれて合掌しそうになることがある。そういう時に合掌ということは、仏教なり神道なり特定の「信仰」ということをはなれて、人間や自然への気持を表現する仕方として、じつにいい身体の動き方だと思う。けれども今はたいていは合掌しないし、合掌することとしないこととを、それぞれに自然な身体の動きとして見合うことをとおして、あいさつが交わされている。

紫陽花邑の法主さんと邑人たちとの通底も、一体を求め合うことによってではなく、むしろ反対に、拝むことと拝まぬこととを共にそれぞれの自然なものとしてよしとする感覚の開放性と、このような感覚の開放性を相互に共有するという信頼によってひらかれているものであろう。

法主さんは道を歩いて、ときどき何かの声をきくために立止ってしまう。石や木や風がよびかける。法主さんと一緒にいると、私たちもまた、これらの言語以前の〈ことば〉を聴くことができるような気がする。この邑をはじめてたずねて来た時には何でもなく通りすぎてきた林の中の道が、足元や頭上を呼び交わし呼びかける無数の〈声〉にみたされた幻惑の空間となる。道がはじめて見えてくる。

ライという病はこんにち、医学的には完全に治療することができる。けれどもライへの迷信的な恐怖はいまなお一般の人に残っているので、ライ回復者は就職も自営もできず、家族や親族からもおそれられ、事実上こんにちの社会の中に生きる場所がない。このようなライ回復者の生活施設を紫陽花邑はその一画にもっている。この施設の建設のさい、当然予想されるように、周辺地元の人びとが建設反対を主張して建築現場におしかけてきた。このときも法主さんと邑人たちは最後までこの運動を守ったという。*

＊　柴地則之《むすび》「『妣が国』共同体を求めて」『思想の科学』一九七六年五月号。

この施設「交流の家」の建設と運営に当った人びとは、六〇年頃の関西学生運動の中心的な担い手の集団であった。それらの関係で紫陽花邑は、ときどき外部の人たちのキャンプや集会に場所をかしていたことがある。ある夜法主さんが眠っていると、木の悲鳴をききつけて胸さわぎがする。外に出てみると、学生たちがキャンプをしている一本の木が呼んでいる。そこに行ってみると、今巨大な釘が打ちこまれたところで、そこにキャンパーはロープを結ぼうとしている。法主さんは頭をさげて、これでは木が可哀相だから、枝にロープを巻きつけるやり方で固定してくれないかと学生たちにたのみ、学生たちもそれを了承する。それから眠ることができたという。

飛躍するように思われるかもしれないが、法主さんのもつこのような感覚と、重度身心障害者——能力主義の近代世界から極限的に疎外された存在——が、この邑においてはじめて表情をとりもどすという事実とは、無関係ではないだろうと私は思う。木の悲鳴をきく耳こそが、唖者や「白痴」のことばをもまたきくことができるだろうからだ。

唖者のことばをきく耳を周囲の人がもっているとき、唖者は唖者でない。唖者は周囲の人びとが聴く耳をもたないかぎりにおいて唖者である。唖者とはひとつの関係性だ。唖者解放の問題は、「健康者」のつんぼ性からの解放の問題だ。奴隷の解放と主人の解放、第三世界の解放と帝国主義本国の解放、女の解放と男の解放、子どもの解放と親の解放、すべての解放が根源的な双対性をもつこととおなじに。

事物や人間や情景にそれぞれ固有のかがやきやいたみに感応するときの法主さんの感

覚力が、邑人や同行者の感覚をも解放するという、ある種の伝染性をもつのは、おそらく周囲の人びと自身の人柄ふかく埋もれていたおなじ潜在能力を、それが触発しよびさますからにちがいない。共同意識の深層が解き放たれる。

石牟礼道子さんがそうであるように、法主さんの感覚能力もまた、日本民衆の共同体と自然との交渉の歴史の中に培われ豊饒化してきた感性の深い地層の、固い近代の地殻を破って噴出する残り少ない火口のようなものかもしれない。

＊

原康男さんという人は、十八歳の時から二十年間あまり、いくつかの共同体を放浪してきて、山岸会にも紫陽花邑にもそれぞれ長くいた人であるが、一九七〇年に厚木の郊外に「ふりだし塾」という場所をつくった。どんな人でも、幾日でも幾年間でもそこに寝泊りしていくことができ、それぞれの力に応じた仕事を与えられながら、毎日の生活そのものの中で人間を形成していくという「塾」である。一時は何十人もの若い男女がここに集まって、独特の集団を形成していた。この「塾」について他のコミューンの若い人から、こういうことを聞いたことがある。あの塾にしばらくいると、少し能力や魅力のある人は、そのうちにペアーとか集団をべつに作ってとび出してしまう。結局誰からもあまり好かれないし、とくにとりえのない人ばかりがあの集団に残っていくのだ、と。原さんにその話をするとうれしそうににこにこして、「そうなのです。能力や魅力のある人はこの世の中でいくらでも生きていける。そういう『とりえ』の何もないような人たちが楽しく生きていかれる場所を、私は作りたかったのです。」と、言われた。かのかっこいいコミューンの若い人による批判は、当っていると同時に当っていなかったわけだ。この「ふりだし」の発想の中に、現代のコミューン運動にとって最も現実的な主題の一つ、差別や権力の超克という課題に、一気に迫る糸口が存在するように思う。

一九七五年の永山則夫の年賀状には、「最大多数の最大幸福か、万人の解放か、プロレタリアートに問いたい」とあった。その年の暮あたりから、成田の農民やむつの漁民にたいし、「最大多数の最大幸福に反抗する少数者たちのエゴイズム」というキャンペーンが支配の側ではられはじめた。一人の幸福が他の不幸を前提とするという相剋性の連鎖のうちにあるかぎり、「最大多数の最大幸福」は少数者圧殺のレトリックとなる。とりわけ帝国主義本国においてそれが格好の支配イデオロギーとなることはいうまでもない。このようなイデオロギー支配の構図は、「一番ダメな奴をこそ」という感覚のアクチュアリティ、「障害者」問題のラディカリティを逆照射してみせてくれる。

原さんの唯一の著書『ふるさとの本』の中には、みそや豆腐やうどんや果実酒のつくり方、干ものや燻製や乾燥いもやヨーグルトによる保存法、山菜や木の実やきのこの見つけ方、食べ方、育て方、わら編みやはた織りや紙すきや火起こしの仕方、等々だけがびっしり書いてある。

玄米を一粒一粒嚙むように、日常の食べること、着ること、住むこと、貯えること、作ること、育てることを、みずみずしく味わいながらこの人が生きていることがわかる。それは、紫陽花邑の法主さんが道を歩く歩き方と同じだ。

社会システムの位相における「ふりだし塾」の精神のラディカリティは、『ふるさとの本』の原さんの日常感覚の奥行きのようなものにはじめて支えられている。ラディカルであるということは素朴であるということだ。

三　マゲイとテキーラ

〈土着と近代〉について語るとき、土着を日本的なもの、近代を普遍的なものとしてとらえる見方は偏狭なものにすぎない。日本の、中国の、インドの、ラカンドンの、トロブリアンドの土着があり、ヨーロッパにさえ土着があるはずだ。〈近代〉を特殊性として、〈土着〉を普遍性としてとらえなければならない。土着は近代を、下からも周辺からもつつみこむ。ただ近代が一様であるのに対して、土着がそれぞれの固有性をもって多様であるという意味においてのみ、それは抽象的な「普遍」と対立する。しかしこの土着の多様性でさえ、自然存在としての人類の意識の原構造のような地層で、たがいに通底し呼び交わしているはずである。

＊

メキシコ北部に住むヤキ族のある老人の生きる世界を、人類学者カスタネダが四冊の本で紹介している。*

＊ Carlos Castaneda, *The Teachings of Don Juan*, 1968. 真崎義博訳『呪術師と私』二見書房、一九七四年。*A Separate Reality*, 1971. 真崎訳『呪術の体験』同書房、一九七四年。*Journey to Ixtlan*, 1973. 真崎訳『呪師に成る』同書房、一九七四年。*Tales of Power*, 1974.

ドン・ファンというこの老人にカスタネダは十年ほども弟子入りしてインディアンの生き方を学ぶ。その教えの核のひとつが「心のある道を歩む」ということだ。

一冊目の本の扉のところに、美しいスペイン語の原文とともに、ドン・ファンの言葉が引用されている。

――わしにとっては、心のある道を歩くことだけだ。どんな道にせよ、心のある道をな。そういう道をわしは旅する。その道のりのすべてを歩みつくすことだけが、ただひとつの価値のある証しなのだよ。その道を息もつがずに、目を見ひらいてわしは旅する。[*]

* *The Teachings of Don Juan*, Penguin Books, p. 12.

このことを説明してドン・ファンはつぎのように言う。

「知者は行動を考えることによって生きるのでもなく、行動をおえた時考えるだろうことを考えることによって生きるものでもなく、行動そのものによって生きるのだ、ということをお前はもう知らねばならん。知者は心のある道を選び、それにしたがう。そこで彼は無心に眺めたりよろこんだり笑ったりもするし、また見たり[*]知ったりもする。彼は自分の人生がすぐに終ってしまうことを知っているし、自分が他のみんなと同様にどこへも行かないことを知っている。[**]」

* ドン・ファンは「見る」(see)ということばを「ながめる」(look)と区別して特別な意味に用いる(原文はイタリック)。内容はのちにふれる。

＊＊ *A Separate Reality*, Penguin Books, p. 90.

このヤキ族の老人の生のイメージは、「うつくしい道をしずかに歩む」というナヴァホ族の讃歌と照応する。道のゆくさきは問われない。死すべきわれわれ人間にとって、どのような道もけっしてどこへもつれていきはしない。道がうつくしい道であるかどうか、それをしずかに晴れやかに歩むかどうか、心のある道ゆきであるか、それだけが問題なのだ。所有や権力、「目的」や「理想」といった、行動をおえたところにあるもの、道ゆきのかなたにあるものに、価値ある証しはあるのではない。今ある生が空疎であるとき、人はこのような「結果」のうちに、行動の「意味」を求めてその生の空虚を充たす。しかし道ゆきそのものが「何もかもあふれんばかりに充実して」（ドン・ファンの表現）いるかぎり、このような貧しい「結果」のために人は争うことをしない。〈心のある道〉をゆき〈美しい道をしずかに歩む〉人びとにとって、蓄財や地位や名声のために道を貧しく急ぐことほどいとわしいことはないだろう。市民社会の存立の原理としての利害の普遍的相剋性は、欲求の禁圧と制約によってではなく、欲求の解放と豊富化によってはじめて原理的にのりこえられうる。富や権力や栄光といったものへの執着を欲求の肥大としてではなく、欲求のまずしさとしてとらえること。解放されたゆたかな欲求を、これらの人びとの目にさえ魅惑的なものとして具体的に提示すること。生き方の魅力性によって敵対者たちを解放し、エゴイズムの体系としての市民社会の自明の前提をつぎつぎとつきくずすこと。

ヤキ族とナヴァホ族とはおなじアメリカ・インディアンだから共通するのは当然だという考え方は、旧大陸人の偏見である。アメリカ・インディアンの中の文化的に最も遠い二部族の言語の相違は、中国語と英語の間より遠いという。アメリカ原住民世界の総体は、アジア、アフリカ、ヨーロッパを含む旧世界の総体に対応するほどの多様な文化を含むもう一つの世界なのだ。事実この共通するイメージを説明する観念体系は、ヤキとナヴァホでまったく異る。ナヴァホの讃歌は訳出した本体部分のまえに、つぎのような序部をもっている。

今語っているものは神
あなたの足で私は歩く
私はあなたの肢体で歩く
私はあなたのからだを運ぶ

私にかわってあなたが思う
あなたの声が私のために語る*

* *op. cit.*, p. 49.

こういう「神」の観念はヤキ族の老人にはない。そしてこのような説明の体系におけるそれぞれの独自性を除けば、ヤキの老人とナヴァホの讃歌の道ゆきのイメージの核は、梢や木の根に朝ごとのあいさつを交わす紫陽花邑の法主さんの道ゆきとも重なり合う。至るところの土着が呼応し、しかも独自の声で呼応する。

*

メキシコでテキーラの製造法を教えてもらったことがある。テキーラはマゲイとよばれる、メキシコ原野の巨大な竜舌蘭からとられる。その花は五年か十年に一度咲き、天までとどくようなみごとな花だ。その花の咲くころになると、葉の中に甘い水がたまる。その水をアグアミールといって、インディオが何よりも好む。この水を採取して発酵させたのがテキーラだ。その水を採ってしまうと、もう花は咲かなくて、立派にとがったマゲイの葉は見るもむざんに立枯れてしまう。あの甘い水が、天までとどくような花になる水だったのだ。

私がこれから数年の間やりたいと思っていることは、〈コミューン論を問題意識とし、文化人類学・民俗学を素材とする、比較社会学〉である。私は人間の生き方を発掘したい。とりわけその生き方を充たしている感覚を発掘してみたい。

発掘といえば、ふつうピラミッド等のイメージがある。たとえばマヤは数々のみごとなピラミッドを残している。マヤ族の故地は、こんにちのグァテマラ西部の高地一帯といわれる。そこでは今でもマヤの人びとが集落や都市を形成し、あのサイケデリックな、村ごとに特色のある柄のスカートを惜し気もなく土にまぶして、水を汲み市場を行き交って生活している。気がついてみると、マヤの有名なピラミッド群はすべてこの故地を遠くはなれて存在している。コパンとティカルとパレンケを結ぶ線上の大小のピラミッド群は、この高地を二百〜三百キロの半径を包囲するように分布している。ウシュマルやチチェン・イツァーがさらに遠方にあることはいうまでもない。カミナルフユはこの高地にある唯一の巨大な遺跡だが、その構図はゆったりと横にひろがって、コパンやテイカルやパレンケや、オルミゲロやシュプウィルや、ウシュマルやチチェン・イツァーにみるような「高さ」への志向をもたない。

たとえばウシュマルのピラミッドの上にのぼると、「樹海」という日本語はこのためにあったのかと思う。視界のつづくかぎり、ほぼ同じ高さの緑のジャングルの地をおおう中を、ピラミッドだけが突出している。それが人間に視界を与える。ピラミッドとはある種の疎外の表現ではなかったかという想念が頭をかすめる。幸福な部族はピラミッドなど作らなかったのではないか。テキーラの作られないときにマゲイの花は咲くように、巨大な遺跡の作られないところに生の充実はあったかもしれないと思う。

ピラミッドでなく、容赦のない文明の土砂のかなたに埋もれた感性や理性の次元を、発掘することができるだろうか。

I　カラスの予言——人間主義の彼岸

序章でふれたカルロス・カスタネダの四部作は、ドン・ファンとドン・ヘナロという二人のメキシコ・インディオをとおして、おどろくべき明晰さと目もくらむような美しさの世界にわれわれをみちびいてゆく。つぎにこのシリーズをよもう。しかし目的はあくまでも、これらのフィールド・ノートから文化人類学上の知識をえたりすることではなく、われわれの生き方を構想し、解き放ってゆく機縁として、これらインディオの世界と出会うことにある。

このシリーズはたとえばヘーゲルの著作のように、寸分すきまのない体系性をもって書かれてはいない。むしろ反対に二人のインディオは「目もくらむようなトリックと、ヴィジョンと、レッスンの連続」（「デイリー・メール」紙書評）をとおして、われわれを

第1図　主題の空間

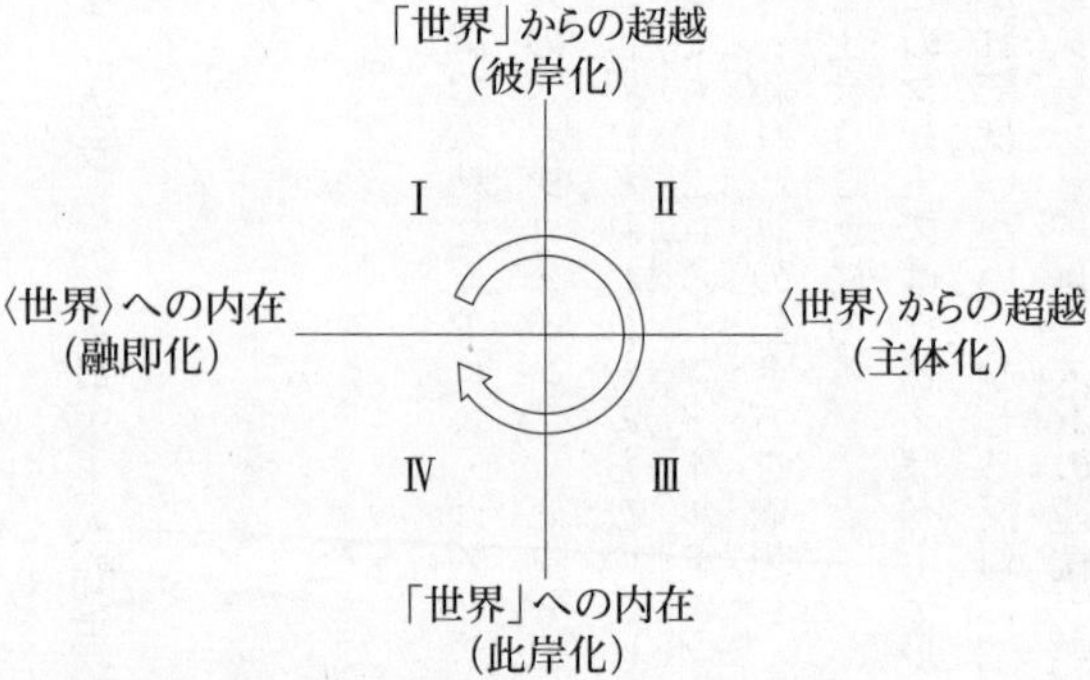

近代世界の自己完結的な「明晰さ」のかなたへと解き放ってゆく。くりかえしいっそうの高みにおいておなじ主題にたちもどってくる本書の文体は、翼をひろげて悠然と天空を旋回する印象を私に与える。その旋回する主題の空間の子午線と卯酉線《ぼうゆうせん》とは、私のイメージの中でつぎの二つの軸から成っている。一つはいわば、「世界」からの超越と内在、あるいは彼岸化と此岸化の軸。一つはいわば、〈世界〉からの超越と内在、あるいは主体化と融即化の軸。(第一図)

ドン・ファンは〝世界〟ということばを、二つの異った、むしろ対照的な意味で使っている。〔例、「現実」二七一—二七三〕* ここでは両者を「世界」と〈世界〉というふうに書きわけておこう。

＊ここで引用のルールをきめておこう。

一、カスタネダの四部作からの引用に限り、引用個所のすぐ後に、改行なしで〔 〕の中に書名とページを示す。

二、書名は各々、次のように略記する。*The Teachings of Don Juan*（ドン・ファンの教え）→「教え」。*A Separate Reality*（分離された現実）→「現実」。*Journey to Ixtlan*（イクストランへの旅）→「旅」。*Tales of Power*（力の物語）→TP。

三、ページは、訳本のある最初の三冊については訳本のページ、四冊目についてはPenguin Books版のページを示す。ただし最初の三冊に関しても、訳文自体は、必ずしも現行の訳本に依るとは限らない。〔The Tales of Powerは一九七九年に邦訳が刊行された。青木保監修、名谷一郎訳『未知の次元——呪術師ドン・ファンとの対話』講談社〕

「世界」と〈世界〉のちがいについては、それ自体本文の全体を前提するので、あらかじめ正確に記述することはできない。とりあえずこうのべておこう。われわれは「世界」の中に生きている。けれども「世界」は一つではなく、無数の「世界」が存在している。「世界」はいわば、〈世界〉そのものの中にうかぶ島のようなものだ。けれどもこの島の中には、〈世界〉の中のあらゆる項目をとりこむことができる。夜露が満天の星を宿すように、「世界」は〈世界〉のすべてを映す。球面のどこまでいっても涯《はて》がなく、しかもとじられているように、「世界」も涯がない。それは「世界」が唯一の〈世界〉だからではなく、「世界」が日常生活の中で、自己完結しているからである。

ドン・ファンの思想（＝生き方）はまず、この「世界」からの超越（彼岸化）と、この超越に媒介された、「世界」への再・内在化（此岸化）という、上昇し下降する運動を内にもっている。同時にこれはべつの次元で、〈世界〉からの超越（主体化）と、この超越に媒介された〈世界〉への再・内在化（融即化）という、やはり上昇し下降する運動を内包している。

二つの次元はからみあっているので、図のような四つの主題の象限をつくる。それぞれの象限のモチーフを、つぎのように名づけておこう。

Ⅰ　カラスの予言――人間主義の彼岸

Ⅱ　「世界を止める」――〈明晰の罠〉からの解放

Ⅲ　「統禦された愚」――意志を意志する

Ⅳ　「心のある道」――〈意味への疎外〉からの解放

上段に書いたのはドン・ファン自身の表現で、下段はそれを私の問題意識の文脈におきかえたものだ。Ⅰ、Ⅱ、Ⅲ、Ⅳという順序は、一つの主題が充分に理解されてはじめてもう一つの主題が充分に理解されうる、という関係を追っていくと、この順序でらせん運動を開始するのが、いちばん自然に思われるからだ。事実第一冊目（「ドン・ファンの教え」）はほとんど（Ⅰ）に費されている。この体験とヴィジョンをふまえて、はじめて（Ⅱ）、（Ⅲ）、（Ⅳ）を理解することができる。またたとえば（Ⅱ）の主題の展開のまえに（Ⅳ）の主題がでてきたりするが、そのときは著者のカスタネダ自身にさえ、その意味が充分にわかっていないようで、のちに（Ⅱ）や（Ⅲ）の主題をふまえてから読みかえしてみると、はじめてことばが活きてきたりする。

もちろんこのような枠組みぜんぶが、はじめにもことわったように、私の個人的なものにすぎなく、この本のさまざまな読み方のうちの一つにすぎない。おそらくあらかじめ私自身の内にあったモチーフや問題意識が、ドン・ファンとの出会いを触媒として、このような形に結晶してきたのだろう。したがって以下は、ドン・ファンやドン・ヘナロの魅惑的なトリックやヴィジョンやレッスンに仮託した、私自身の表現である。

草のことば・魚のことば

カリフォルニア大学で人類学を専攻する学生であったカスタネダははじめ、インディオのあいだで昔から用いられてきた薬草についての資料をうるためにドン・ファンに近づくのである。ところがドン・ファンはいつまでたっても、肝心の植物の話をしてくれない。一九六〇年の夏、アリゾナ州南部のある町のバス停留所でたまたま知り合い、それから六カ月みっちり準備の勉強をして、十二月十七日、メキシコ、ソノラ州のインディオのあいだをたずね歩いて、ようやくドン・ファンの住み家を探しあてる。しかしそのときも二度目の訪問のときも、砂漠をいっしょに歩いたり「履歴を消す」ことを話したりするだけで、いっこうに植物の話にならない。ほんとうはこの二回のときも、ドン・ファンはたいへんなレッスンを与えているのだが、カスタネダは長年のあいだそのことに気付かなかったのだ。

十二月二十八日の三度目の訪問のときも、カスタネダがドン・ファンの家に着くやいなや、荒れたヤブへの散歩につれ出す。何時間も歩いていても、植物の話にならない。彼が教えてくれたのは「適切な歩き方」についてだ。

そのうちに大きなカラスが鳴きながら頭の上をとぶ。カスタネダがびっくりして笑い出すと、ドン・ファンはいつになく真剣な表情になって、あれは笑いごとでない前兆だなどと言いだす。カスタネダはばかばかしいうえにイライラしてきて、もうロス・アンゼルスに帰るから彼の家まで戻りたいと言う。するとドン・ファンは、植物についてもしカスタネダが本当に学びたいなら、自分の行動の大部分を改めねばならないということを言いだす。

「自尊心てのは、履歴とおなじで、捨てねばならぬものだ。」「いまは、自尊心をなくすことにとりかかっとるんだ。おまえは、自分は世界で一番大事なものだなぞと思っとるかぎり、まわりの世界を本当に理解することはできん。おまえは目かくしされた馬みたいなものだ。あらゆるものから切り離された自分しか見えんのだ。」〔「旅」四四、四六〕

それからしばらくカスタネダを観察してから、「さて、この小さな友だちに話しかけることにしよう」と、小さな植物をさして言う。彼はそのまえにひざまずき、やさしくなでて話しはじめる。

「なにを話しかけるかってことは問題じゃない。ただなにかを話しかければいいんだ。大事なのはそれが好きだという気持と、それを自分と平等に扱うということさ。」植物を集める者はそれを取るたびにおわびを言い、いつか彼自身がその肥料として役に立つことを保証しなければならないと説明する。「だから全体としてみれば、植物とわしらとは平等なのさ。わしらや植物のどちらかが大事ってことはないんだ……。さあ、この小さな植物に話しかけろ、二度と自分が大事だなぞと思わないと言うんだ。」〔同四六―四七〕

それからその時も、翌年一月の四回目の訪問のときも、この植物に話しかけるという練習をまずやらされる。カスタネダはばかばかしくて身を入れてやる気にならない。「おまえはそのことを勉強したがってるのに、なんにもしたくはないんだ。」〔同五二〕カスタネダが、ほしいものは植物の使用法についての正しい情報なのだ、と説明すると、ドン・ファンは軽蔑しきった目つきでみつめる。「わしらを囲む世界は神秘だ。人間が他のなによりも良いなんてことはないのだ。」〔同四九〕

その年の夏、ドン・ファンとカスタネダとはもういちどその場所を訪れ、あのときのカラスの一件を思い出す。ドン・ファンによればカラスは人間に、野原の中で良い場所と悪い場所のありかを教えてくれるのだという。〔同八二〕

一般に前兆動物をめぐるいいつたえは、ほとんどあらゆる民族に分布している。野ねずみが大洪水を、セミが干ばつを、トンボが地震を、カエルが雨を、フクロウが晴天を、ミミズが地震を、土蜂が洪水を、ツバメが火災を、岩ツバメがあらしを予告するという。日本でも四国地方をはじめカラスは予言力をもつものとされる。

これらのうちのあるものは、たとえば「イタチの道切り」のようにたんなる連想や、動物の色の神秘性や名前の類似性などのひきおこすたんなる観念連合であるとしても、むしろその多くのものが経験的根拠をもつものであることはよく知られている。けれどもここで主題化してみたいことは、これらのいいつたえの多くが有効であるとかいうこと自体ではなく、そのような動物たちの「警告」や「予言」をききわけてきた「世界」のあり方である。

カエルやネコやミミズやツバメが、温度や湿度や気圧や地熱、あるいはそれ以外の要素のきわめて微小な変化にたいして、人間を超えた敏感さや「知恵」をもっていることがありうる、ということは、どんな近代人にでも了解しうる。このような動物たち（あるいは植物たち）の感受性は、必ずしも気象の変化にたいしてだけではないだろう。彼らのデリケートな反応は、人間という種族にとって直接には感覚しえない精妙な変化の開始を、人間にもみえるかたちで増幅し、告げ知らせてくれる。このような動物たちや植物たちと共に生きていた人間たちにとって、これらの動植物のうごきは、いわばみずからの拡大された感覚器として、その感性と理性の延長に他ならなかった。

テクノロジーの発達によって人間は、べつのいっそう強力な「拡大された感覚器」をもつ。気象や異変の個々の現象を予知する能力に関していえば、概してこんにち人間は、昔の仲間たちの協力を必要としないほど巨大な予報のシステムを発達させてきた。けれどもこれらのテクノロジーがけっして補償しなかったものは、おそらく共存する全体性へのバランスの感覚のようなものだ。

水俣で水俣病が顕在化する何年か前、「月の浦のネコは舞うて死ぬ」といううわさが立った。水俣湾一帯のネコは後肢をひきずり、よろけ、瞳孔が拡大し、よだれを流し、興奮し、もがき踊り、頭で立ち、回転し、突進し、けいれんを起こして死んでいった。そのまえに海の中の魚が奇妙な泳ぎ方をはじめる。「海の底の砂や、岩角に突き当ってですね、わが体ば、ひっくり返し、ひっくり返ししよっとですよ。」そしてカラスたちは目をあけたまま海辺で死んでいる。*

＊石牟礼道子『苦海浄土』講談社、一九六九年。

ネコやサカナやカラスにたいする、「平等なともだちとしての」共感がわれわれにあれば、あたりの全体状況の不気味な深刻さにいち早く気付き、この病いの少くとも人間における発生を未然に防ぐに充分であった警告である。「魚どん」と親しい漁師たちだけが、おそらく彼らの沈黙のことばを聴いた。けれどもチッソを操業する「市民」たちは、これら漁民のことばさえきこえなかった。事実そののち黒々と死旗をかかげて、東京丸の内のチッソ本社前を占拠した患者たちの風態の全体性は、前を行き交う「ネクタイこんぶ」のサラリーマンよりは、あのネコたち、サカナたちの世界の方に近かった。『苦海浄土』のみならず水俣病闘争のどの記録をみても、われわれの心をひきつけてやまない自然への共感能力と、そのおそるべきラディカルな戦闘性とは、この闘争の「やさしさときびしさ」の両面などとも言われてきたが、この「両面」がひとつのものであり、「やさしさ」こそがラディカリティの原点であることはいうまでもない。

　この闘争が執拗に求めてきたのは、経済や法制や政治といった近代市民社会のシステムに物象化された社会関係の、再人格化ということであり、それ以外に突破口はなかった。

一九六五年二月、十年間の発狂状態のまま死亡した荒木辰夫の葬列を見送りながら、石牟礼道子はつぎのように記す。

「突然、戚《せき》夫人の姿を、あの、古代中国の呂太后の、戚夫人につくした所業の経緯を、私は想い出した。手足を斬りおとし、眼球をくりぬき、耳をそぎとり、オシになる薬を飲ませ、人間豚と名付けて便壺にとじこめ、ついに息の根をとめられた、という戚夫人の姿を。

水俣病の死者たちの大部分が、紀元前三世紀末の漢の、まるで戚夫人が受けたと同じ経緯をたどって、いわれなき非業《ひごう》の死を遂げ、生きのこっているではないか。呂太后もひとつの人格として人間の歴史が記録しているならば、僻村といえども、われわれの風土や、そこに生きる生命の根源に対して加えられた、そしてなお加えられつつある近代産業の所業はどのような人格としてとらえられねばならないか。独占資本のあくなき搾取のひとつの形態といえば、こと足りてしまうか知れぬが、私の故郷にいまだに立ち迷っている死霊や生霊の言葉を階級の原語と心得ている私は、私のアニミズムとプレアニミズムを調合して、近代への呪術師とならねばならぬ。」*

＊　同書六一ページ。

荒木辰夫は水俣病の四十人目の死者であり、そのあとさらに二人の死者を出してから、政府はようやくこの病いを「公害病」として認定する。患者は六十九人に達していた。補償金をめぐる交渉の中で死につつある患者の一人はつぶやく。「銭《ぜに》は一銭もいらん。そのかわり、会社のえらか衆の、上から順々に、水銀母液ば飲んでもらおう。上から順々に、四十二人死んでもらう。そのあと順々に六十九人、水俣病になってもらう。それでよか。*」

＊ 同書二八九ページ。

カスタネダはドン・ファンへの最初の訪問のとき、彼が薬用植物についての情報を教えてくれれば、その時間と努力にたいして支払いをする用意のあることを申し出る。

「わたしのために働いてくれれば、そのぶんの支払いはいたしますよ。」

「どれくらい払ってくれるんだ？」

カスタネダはこの言い方に欲張ったものを感じる。

「どれくらいがいいと思いますか？」

「わしの時間に対しては……おまえの時間で支払ってもらおう。」〔『旅』二三〕

カスタネダは「奇妙な男だ」と思う。価値感覚のズレは本質的なのだ。たとえば貨幣というものによってあらゆる個別の価値が通約され、決済され、抽象され、一次元化される「世界」と、時間は時間、原野は原野、海は海、生命は生命といった、けっして決済され抽象化されることのない個別の価値の次元性のあやなす「世界」と。

このすれちがいは、インディオの生きる世界から、薬用植物の「使用法」についての情報だけをすくってもち帰ろうとするカスタネダと、植物について知ることはその植物と友だちになり、その植物と生きる世界を共にすることだというドン・ファンとの、前提のすれちがいと対応する。

小さな植物にひざまずき、カラスの声に予兆をききとって畏《おそ》れるドン・ファンの共感能力があれば、水俣病は起らなかったはずだ。人間主義（ヒューマニズム）は、人間主義を超える感覚によってはじめて支えられうる。

水俣病とは、「わたしたち自身の中枢神経の病」（石牟礼道子）に他ならない。私たち自身が水俣で、そしてまたいたるところで病んでいる。視野狭窄と聴力障害、言語障害と平衡感覚の失調。テクノロジーの獲得した巨大な視界と対応能力は、喪われた視界と対応能力をけっして補償してはいない。

一九七五年に、カナダ・インディアンの水俣病が発見された。中南米にも同様の事態がありうるという。水俣病ではないが、アメリカとの国境リオ・グランデの南では、メキシコの子供たちのあいだに、工業汚染による神経症状がひろがっている。ドン・ファンの息子ユラリオはアメリカ横断高速道路の工事中に岩の下じきになり、身体をめちゃめちゃにされて死んでいる。(「現実」一一五)ドン・ファンの生きる世界と水俣の世界との対応は、たんなる比喩でない。現代世界の客観的な構造の中できんみつに連なり呼応し合っている。

マルクスのいう「資本の巨大な文明化作用」[*]「布教的(文明化的)傾向」[**]とは、ある種の近代主義的なマルクス主義者たちのもてはやすように、資本主義にも肯定的な側面もあるなどという(それは当然の)問題ではなく、歴史的な諸共同体をつぎつぎと風化し解体し、巻きこみひきずりこみながら「一つの世界」へと結合する、資本制世界のデモニッシュな拡大傾向に他ならない。「水銀母液ばのんでもらおう」と患者たちが言うとき、抽象的に言ったのではない。有機水銀廃液百トンが、そのころドラム缶につめられて立ち並んでいた。この百トンの廃液は、公害問題のうるさくなった日本をあとに、チッソが韓国に輸出しようとしていたものである。[***] まことに資本は、やむこともなく拡大する文明の布教者である。

＊　K. Marx, *Grundrisse der Kritik der Politischen Ökonomie*, 1857-58, Dietz Verlag, 1953, SS. 312-313.

＊＊　*ibid.*, S. 441.

＊＊＊　石牟礼道子、前掲書二八九ページ。

おそれる能力

カラスが予言するというような諸民族のいいつたえにおいて、問題は個々の動物や植物の行動を「予兆」としてよみとる知識の蓄積といったものではない。そのような個々の「予兆」への技術化された知識自体は、われわれの「世界」の中にも、たとえば仮説的情報として切りとってくることができる。けれどもこのような「知恵」じたいをたえず生成する母体そのものは、たとえばこの世界のすべてのものごとの調和的・非調和的な連動性への敏感さや、自己自身をその連動する全自然の一片として感受する平衡感覚の如きものであり、「予兆」への技術化された個々の知識とは、このような基礎感覚の小さな露頭にすぎないのだろう。

ドン・ファンはカスタネダに、ウズラの習性にのっとった巧妙なワナの作り方をおしえる。日がくれるまでに首尾よく五羽をつかまえる。食べるだんになると、「わしらには二羽で充分だ」といって、残りの三羽を放してやる。そしてウズラの焼き方をおしえてくれる。カスタネダは以前祖父がやっていたように、灌木を切って並べてバーベキュー・ピットを作ろうとする。しかしドン・ファンは、もうウズラを傷つけたのだからこれ以上灌木を傷つけることはない、といってふつうのローストにする。〔『旅』九六〕

食べおわってからカスタネダが、もし自分にまかせていたら五羽とも料理していただろうし、自分のバーベキューの方がドン・ファンのローストよりもずっとおいしかっただろうという。「きっとな」とドン・ファンは答える。「だが、もしそうしてしまっていたら、灌木も、ウズラも、まわり中のものがみんな、わしらに攻撃を開始しただろう。」〔同九七〕

その少しまえにはガラガラヘビの習性にのっとったつかまえ方を示し、一匹料理してたべさせてくれる。「狩人であるってことは、たいへんな量の知識をもってるってことだ。世界をいろいろちがった仕方で見ることができるということでもある。狩人であるには、ほかのあらゆるものと完全なバランスがとれていなければならん。」「たとえば、わしら今日、小さなヘビをつかまえただろう。わし自身の命もいつか同じように、突然、確実になくなるだろうってことを知ったうえで、ああしたんだ。だから、全体としてみれば、わしらもヘビも、同等なのさ。彼らの一匹が、今日のところは、わしらをやしなってくれたんだ。」（同八七―八八）

これらの例はドン・ファンの、〈感覚としてのエコロジー〉ともいうべき、全体の流れにたいする感受性と、このような平衡感覚の表現としての、個物にたいする〈畏《おそ》れる能力〉のようなものをよく示している。原生的な諸部族のあいだの自然物への「タブー」のあるものは、このようなエコロジカルな平衡感覚を母体としているかもしれない。

こんにちわれわれはほとんどみることができないけれども、「貝紫」というすばらしく高雅な紫の染料がある。地中海原産の巻貝からえられるもので、紀元前一千年ごろのフェニキアのティルスやシドンは、この紫の発見と使用によって繁栄がもたらされたといわれる。「帝王紫」の別名があるのはローマ時代に、この高貴な染料の庶民による使用を禁止し、皇帝の専有物とされたからである。その後ユーラシア大陸をこえて中国にわたり、階級秩序を乱すといって孔子を嘆かせたといわれる。それ以前は黄が中国では最も高貴な色であったが、貴顕の人びとがこの紫に目を奪われてしまったからである。

現在では地中海でも中国でもこの貝は絶滅している。ただ一カ所メキシコの南部テワンテペックの一帯でこの紫が採取されている。サリーナ・クルスからピノテパ・ナシオナールまで四百キロ程の海岸線を、この貝を拾いながら往復二カ月の旅をして、やっと二十五オンスの糸を染めるほどの紫がとれる。

原産地地中海ではどうして絶滅したかというと、貝ガラを割って紫を採取したからだ。メキシコのインディオたちは、紫の分泌液だけを手になすりつけて、貝は放してやっていた。*

＊ グァテマラ在住の染色研究家児島英雄氏、メキシコの故荻田政之助氏等の教示による。

フェニキア人やローマ人にとって問題は貝の「使用法」であり、貝そのものは内在的価値をもたないマテリアル（材料＝物質）にすぎなかった。メキシコのインディオたちにとっても、あるいは「長期的資源保存論」的な利害意識があったかもしれないけれども、そのような合理性をもふくめて、貝を人間の共生（conviviality）の相手とする感覚がある。合理主義か非合理主義かというようなことではなくて、合理性の質の相違を確認しておきたいと思う。

「擬人法」以前

ドン・ファンがカラスの予言をきき植物と語るというとき、それはなんらかの「擬人法」でもないし、それらのものの「人格視」でもないということがひとつのポイントだろう。

ドン・ファンは、死は人間の助言者であり、人がその最後の踊りを踊るとき死はそのそばにすわって見とどけ、踊りが終わりに近づくと、死が方向を示すのだという。

「死は人格（personage）かい？　ドン・ファン。」

カスタネダは、このように問う。

この人類学者には、ドン・ファンが「死」を人格視しているようにみえるので、ほんとうにドン・ファンがそう思いこんでいるのか、あるいは説明の便宜上擬人法をもちいているのか、そのへんを確認したいのである。

ドン・ファンの顔に困惑の色がうかぶ。最初の答えは、「それがわかったからといって、どうだというんだ？」という問い返しである。ドン・ファンにとってはそれは、意味のない質問のように思え、なぜそういうことに関心をもつのかがわからないのだ。

しかしカスタネダは、なお執拗に質問をくりかえす。「あんたの死っていうのは、人間みたいだったかい？」

「おまえもおかしな奴だな。質問さえすればわかると思っとる。わしはそうは思わん。そうだなあ、なんと言ったもんか？」二度目もドン・ファンはこのように困りきったあげく、それでも忍耐づよく、なんとか質問に答えようとする。

けれどもその答えは、カスタネダからみると、矛盾だらけのものである。

「死は人間みたいなものじゃない。むしろひとつの存在だ。」「わしは人といるとくつろぐ。だからわしにとっては、死は人だ。わしは自分を神秘に捧げる。だから死はうつろな目だ。それを通して見ることもできる。」「戦士が自分の死を見る見方は個人の問題だ。それはなんにでもなる——鳥にも、光にも、人間にも、灌木にも、小石にも、霧にも、未知の存在にも。」

カスタネダはすっかり混乱してしまう。〔「旅」二二一—二二二〕

明治初年の近代国家形成の過程において、「官民有区分政策」というものがあった。それ以前林野の多くの部分は、部落もしくは数部落による共有の形であったが、このような所有形態は、納税責任者を決定しがたいなど近代法の体系になじみにくいので、この共有地は個人の私有かまたは官有への没収と、強制的に区分された。それは直接に農民の生産手段の収奪を意図したものではなかったと考えられるが、のちに大小無数の入会紛争にみられるように、事実上、下層農民の基本的な生活手段を奪う結果をもたらした。

近代的な私有—公有の分類観念の普遍的な貫徹ということは、共同体的な自然とのかかわり方にとって外在的・異質的なものであり、その強制的な実現は現実的な暴力性をもった。

カスタネダの(つまりわれわれの)思考の中には、〈人物格区分政策〉の如きものがある。ドン・ファンがカラスの予言をきき、草花と語っているとき、われわれはそれを、動植物の「人格視」であるか、あるいは修辞的・演技的にそれらを「擬人化」しているものとみなす。

けれども「人格視」「擬人法」という考え方はすでに、世界を「人格」と「物格」という、汎通的かつ排他的な両カテゴリーへと裁断したうえで、「物格」を「人格」であるかの如くに考える考え方や、「物格」のうごきについて「人格」のことばによって語るレトリック等々である。

けれどもドン・ファンが生きているのは、このようなヒトとモノへの存在の排他的区分以前の、自然と人間とが透明に交流する世界である。そうであればこそ、彼らに新しい世界のある部分のゆがみや異変を、全体の、つまりは自己自身の病いとしてただちに感受して畏れるのだ。

ウズラや灌木を必要以上に傷つければ必ず復讐が開始されるという、一見ばかげた物の言い方は、このようなエコロジカルな平衡感覚の、ひとつの言語化のされ方である。このときウズラや灌木が人格であるか、それとも物質にすぎないかということについてドン・ファンは興味をもたないだろう。

バベルの塔の神話

カラスは人間のことばでドン・ファンに予言するのか？ 紫陽花邑の法主さんが梢と語り、風と語るという話をするとき、私の同行者は「それは日本語でですか？」ときいていた。もちろんそうだが、アメリカ人なら英語で話すだろうという答えであった。「梢や風は、ずいぶんいろんな言葉を知っているのですね。」と同行者がいう。

ナンセンスな話のようだが、私は法主さんのいうとおりだと思う。梢や風がそれじたいとして、日本語や英語をあやつるのでないことはあたりまえである。梢や風のメッセージ（言語以前のことば）を聴く耳をもった日本人は日本語で聴き、アメリカ人は英語で聴くのだ。言語化するのは耳の側なのだ。

カスタネダがコヨーテ（メキシコオオカミ）と話をするところがある。ココーテは英語とスペイン語をちゃんぽんに使うので、カスタネダは「チカノのコヨーテ」*だと思う。〔「旅」三三八〕コヨーテが言語に関してチカノであるのは、もちろんカスタネダが英、西両語で生きているからだ。

＊　アメリカ合衆国在住のスペイン語民族。

バベルの塔の伝説によれば、人間はもともとおなじことばを話していたが、文明におごり、天までとどく塔をたてて大いに名をあげようとしたので、神が怒って人間たちを散らしてしまった。それ以来人間たちはバラバラの言語を語り、相互にことばが通じないようになったという。*

＊　『創世記』十一章一—九節。

この神話には文明化された人間の、ひそかな自己疎外の感覚のようなものがこめられているように思われる。人間は大地の仲間たちからぬきんでて、ひとり高く高くあらんとした。塔は文明の「高さ」の象徴だ。そしてそのことの代償は、原初的、普遍的な交信能力の喪失であった。人間は次第に「言語」によってしかものを感覚しなくなり、したがって異った民族相互の交信が不能となるばかりでなく、それぞれの民族の内部でも、言語という媒介された方法によってしか共同性を存立させえなくなっている。

梢や風、カラスや草花、ネコや魚、ウズラや灌木、これらのことばが言語でないことは当然である。しかしわれわれの耳は言語へと疎外されているから、すべての〈ことば〉を言語として聞く。そして言語化しえないことばは、きこえない。と、いうふうに感受性と交信能力を自己限定する。

カスタネダがチカノのコヨーテと話をしたことを、翌日ドン・ファンに話したときのドン・ファンの答えは明晰である。

「あれは話ではなかったんだよ。」

「それじゃなんだい？」

「はじめておまえのからだが理解したんだよ。」〔「旅」三四〇〕

一九七一年五月、ドン・ファンの弟子となってから十年後、弟子としての最後の訪問のときだ。

〈トナール〉と〈ナワール〉

第四冊目『力の物語』の中心テーマは、〈トナール〉と〈ナワール〉*をめぐってである。

＊ Nagualと書くが、「ナワール」と発音される。〔TP, p. 119〕スペイン本国では使われない語であるから、インディオ固有のことばからスペイン語化したものであろう。この種のことばには、実際の発音とスペイン語としての綴字とがずれることはめずらしくない。

ドン・ファンによれば、人間のからだは輝く繊維からできた繭のようなたまごだが、この人間のからだには八つのポイントがある。二つの基本的な震央（epicentres）は、〈理性〉と〈意志〉とだ。〈理性〉は直接に〈話す〉という結節点とつながり、これをとおして間接的に、他の三つの結節点〈見る〉、〈感ずる〉、〈夢みる〉とつながっている。〈意志〉は直接にこの三つの点とつながる。〔TP, p. 95〕ここまではふつうの人間でもその存在を知っている。あとの二つは、ふつうの人間には気付かれない。それが〈トナール〉と〈ナワール〉であり、これらは以上の六つの点のうち、〈意志〉とだけつながっている。（第二図）〔TP, pp. 119 ff.〕

〈トナール〉とはメキシコのある種のインディオの守護霊であり、ふつうは特定の動物である。それは子供が生まれたときに獲得し、死ぬまで親密なむすびつきをもつ。〈ナワール〉とは、やはりメキシコや中央アメリカのインディオのブルホ（呪術師）が、それに変身するといわれている動物や、あるいはこのように変身するブルホ自身を意味する。——一般に民俗誌や人類学では、このように理解されている。〔TP, p. 119〕

第2図　輝く繊維の八つの結節点

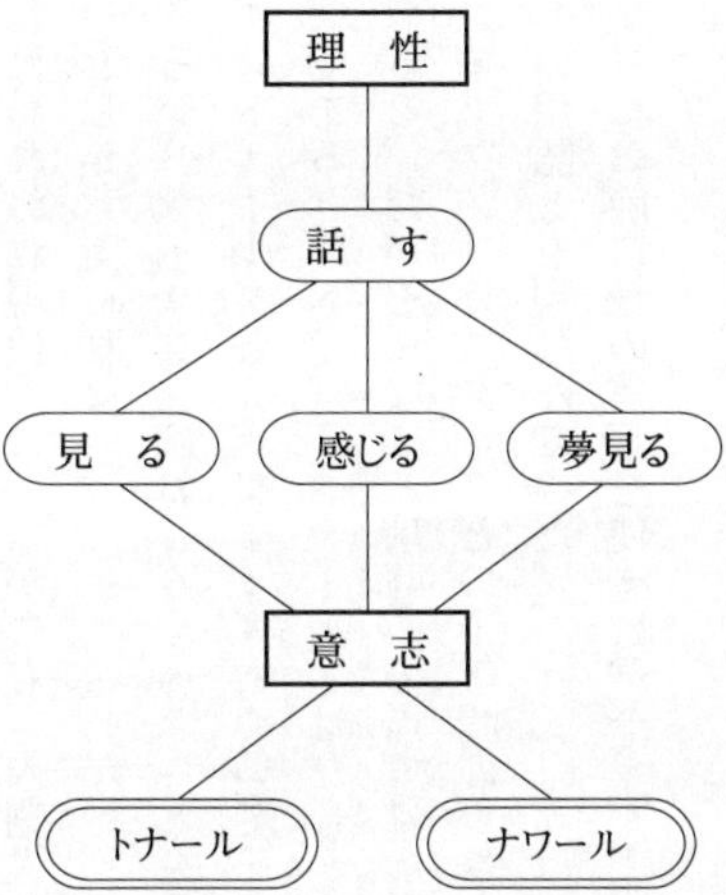

これはわれわれ現代人に、いかにも「未開人」ふうの、ファンタスティックな想念のひとつとしか考えられない。

ところがドン・ファンはおどろくべきことを言いだす。

まず〈トナール〉と〈ナワール〉についてそのような理解のしかたはまったくのナンセンスであるとのべて、「〈トナール〉はたしかに守護者だし、それを動物であらわすこともできる。だがそんなことは肝心の点ではないんだ。」という。〔TP, p. 120〕

ドン・ファンはカスタネダとの十年間のつきあいの中で、カスタネダの文化人類学者としての用語とも親しんできた。

「今かりにお前自身の言葉を使えば、〈トナール〉とは社会的人間（social person）なのだよ。」

「〈トナール〉は世界の組織者さ。」ドン・ファンはつづける。「その途方もない働らきを言い表わすいちばんの仕方はたぶん、世界のカオスに秩序を定めるという課題を、それが背負っているということだ。われわれが人間として知っていることもやっていることも、すべて〈トナール〉のしわざだと呪術師《ブルホ》たちが言うのは、こじつけでも何でもないんだよ。」〔*ibid.*〕

「〈トナール〉は世界をつくるものだ。」ドン・ファンがくりかえして言う。

「〈トナール〉は世界の創造者なのかい?」カスタネダがきく。

「〈トナール〉は話す(speaking)という仕方でだけ、世界をつくるんだ。それは何ひとつ創造しないし、変形さえしない、けれどもそれは世界をつくる。判断し、評価し、証言することがその機能だからさ。つまり〈トナール〉は、〈トナール〉の方式にのっとって目撃し、評価することによって世界をつくるんだ。〈トナール〉は何ものをも創造しない創造者なのだ。いいかえれば、〈トナール〉は世界を理解するルールをつくりあげるんだ。だから、言い方によっては、それは世界を創造するんだ。」〔TP, p. 123〕

現代哲学の用語をつかえば、〈トナール〉は人間における、間主体的(言語的・社会的)な「世界」の存立の機制そのものだ。

「太初《はじめ》に言葉《ロゴス》ありき」とヨハネの福音書はいう。われわれの生きる「世界」は、「言葉《ロゴス》」によってはじめて構造化された「世界」として存立する。この「世界」存立の機制を、「言葉《ロゴス》は神なりき」とし、イエスの人格へと化肉する創造者として表象する西欧世界の心性と比して、*これを何らかの動物または精霊の表象へと具象化するインディオたちのイメージを、隔絶して奇異なものということができようか。

＊『ヨハネ伝』第一章一―一四節。

人間が自己の〈トナール〉とのかかわりにおいて、次第にその〈トナール〉にむかって自己疎外してゆくさまをドン・ファンはつぎのようにのべる。

「〈トナール〉はきわめて貴重なもの、つまりわれわれの存在そのものを保護する守護者だと言える。だから〈トナール〉の特徴は、やりかたが周到で嫉妬深いということだ。その仕事はわれわれの生の中でもとびぬけて重要な部面だものだから、それはわれわれの中でしまいには変質してしまい、守護者《ガーディアン》から看守《ガード》になってしまうのもふしぎはないのさ。」〔TP, p. 121〕

「守護者《ガーディアン》とは心が広く、理解力のあるものだ。これと反対に看守《ガード》の方は、心がせまくいつも目を光らせていて、いつでも専制的なのさ。〈トナール〉は本来、心が広い守護者でなければならんのに、われわれの中で狭量で専制的な看守になってしまうんだ。」―〔*ibid.*〕

「われわれは生まれた時は、それにそれからしばらくの間も、完全に〈ナワール〉なのだ。けれども自分が機能するには、その補完物が必要だと感じられる。〈トナール〉が欠けているのだ。そしてそのことがわれわれに、早いうちから、自分は不完全だという感覚を与える。そこで〈トナール〉が発達しはじめ、それがわれわれの機能にとってきわめて重要なものになる。あまり重要なものになるので、それは〈ナワール〉の輝きをくもらせてしまい、〈ナワール〉を圧倒してしまう。われわれが完全に〈トナール〉になってしまったときから、われわれは、生まれた時からつきまとっていた不完全さの感覚をつのらせていくばかりなのさ。この感覚はわれわれに、完全さをもたらしてくれる他の部分が存在するということをささやきつづける。われわれが完全に〈トナール〉になったときから、われわれはさまざまな対立項を作りはじめる。われわれの二つの部分は霊魂と肉体だとか、精神と物質だとか、善と悪だとか、神と悪魔だとか。けれどもわれわれは、〈トナール〉という島の中の項目を対比させているにすぎないことに気付かない。まったくわれわれは、おかしな動物だよ。われわれは心奪われていて、狂気のさなかで自分はまったくの正気だと信じているのさ。」〔TP, p. 126〕

「〈トナール〉はその利巧さによってわれわれの目をくらませて、われわれの真の補完者である〈ナワール〉の、ほんのわずかな感触でさえも忘れさせようとするんだ。」〔TP, p. 127〕

〈ナワール〉とは、この〈トナール〉という島をとりかこむ大海であり、他者や自然や宇宙と直接に通底し「まじり合う」われわれ自身の本源性である。

あたかも近代文明が、あらゆる種類の本源的共同体とその自然との関係を、つぎつぎと風化し解体しつつ地表をおおいつくすように、〈トナール〉もまたその機能性によって、われわれの内なる〈ナワール〉を侵略し、抑圧し、包摂してゆく。あるいはむしろ、この言葉《ロゴス》による内的な世界分割が完了してしまった時代をわれわれは通常生きる。そしてこの広大な、かつ抑圧された〈第三世界〉の解放と、それに向って〈トナール〉そのものを根柢から再編成してゆく課題が、われわれ自身の自己解放と、存在の充全性の獲得の問題の軸としてたちあらわれる。

II 「世界を止める」――〈明晰の罠〉からの解放

気流の鳴る音

ナワトル族をはじめとするメキシコの原住民たちは、宗教体験への導き手として、ペヨーテあるいはメスカリートとよばれる幻覚性植物を嚙む。こんにちではこのペヨーテは、アパッチ族を媒介としてキオア族、コマンチ族など、北米インディアンの多くの部族の宗教儀式にもとりいれられている。

エリヒオという若いヤキ族のインディオがドン・ファンの手びきではじめてペヨーテを嚙むところを、カスタネダが他の二人の若いインディオといっしょにそばで見ているところがある。他の二人の若いインディオ、ルシオとベニニョは白人の価値感覚に同化し、ペヨーテには興味をもたず酒やオートバイをほしがっている。
ドン・ファンが彼のペヨーテ・ソングを歌いつづけながら、エリヒオに少しずつペヨーテの芽をわたしてやる。(ペヨーテ集会ではひとりひとりが、固有に自分の歌をもっている。) ルシオとベニニョはたいくつして居眠りしている。

「ドン・ファンの歌がひときわ大声になった。ルシオとベニニョが目をさましてしばらくその光景をぼんやり眺めていたが、また眠ってしまった。

エリヒオはどんどん上へ行くようであった。明らかに登っていたのである。彼は手のひらをまげて、わたしの視覚を超えたところにある何かをつかんでいるようにみえた。身体を押し上げ、息をつくために止まった。」

「それからエリヒオがとびあがった。それは最後のおそるべき跳躍であった。明らかに自分のゴールにたどりついたのである。息をきらしあえいでいた。彼は岩はだにしがみついているようすだったが、何ものかが彼におそいかかっていたのだ。死にものぐるいで金切り声をあげた。にぎりしめた手がひるみ、まっさかさまに落下をはじめたのである。身体は弓なりになり、頭の先からつま先までが美しくそろって小きざみにふるえていた。身体が生命のない麻袋のようにしずかになるまでに、そのふるえがおそらく何百回と彼におこった。

しばらくすると、彼は自分の顔を守るように両手を前に広げた。足は、うつぶせになっていたのでうしろへのび、床から十センチほどそり上っていた。それは信じられぬほどのスピードで滑っているか飛んでいるかのような姿だった。頭はこれが限界というところまでうしろにそり、腕は目をかくすように組んでいた。私は彼のまわりでひゅうひゅうと気流の鳴る音を感じた。私は息をのみ、思わず大声で叫んでしまった。ルシオとベニニョが目をさまし、ものめずらしそうにエリヒオをながめていた。」〔『現実』九五―九六〕

それから半月後、このエリヒオのイニシエーション（成人式）を包むできごとを聞くために、カスタネダはドン・ファンの家に戻る。

「ドン・ファン、あの晩ぼくは見たかい？」

「ほとんど見たといってよかろう。」

そしていう。

「わしはメスカリートがおまえにエリヒオのレッスンの一部を見させていることを見た。さもなければ、おまえはこっちに坐ったり、あっちにねころがったりしている男を眺めているだけだったろうよ。このまえのミトテ（ペヨーテ集会）のときは、男たちがいろいろなことをしていることに、お前は気づかなかっただろう？」〔同一〇〇〕カスタネダはそれ以前にもミトテを観察したことがあったが、その時は「男たちの誰ひとりとして普通でない動作をしている者に気づかなかった。わたしにわかったのはせいぜいだれそれが立ち上って他の人よりも多くヤブの方へ行ったという程度のことだけであった。」〔同一〇〇―一〇一〕

今回もルシオとベニニョにとっては、エリヒオの動きは同様のものだっただろう。しかし彼自身メスカリートと親交をかさねてきたカスタネダは今、エリヒオの体験しつつあることを他者として〈見る〉ことができ、彼のまわりにひゅうひゅうと気流の鳴る音をきく。

音のない指揮者

自分の知らない曲のオーケストラ演奏などが、音声を消しているテレビジョンの画面に映っていると、指揮者の身の動きがこっけいに気狂いじみてみえる。音楽と全身的に感応し合っているすぐれた指揮者であればあるほど、動作や表情は喜劇的に奇異なものとなる。自分のよく知っている音楽ではこの効果はでない。自分の中にも、指揮者が感じているものと同じ音楽が流れているからだ。

日本の商社員などがインドに三カ月ほどいると、その何割かは、商社員としては使いものにならなくなるという。「メキシコぼけ」「ブラジルぼけ」ということばもある。宗教的な霊地や集団から感動をもちかえった者が、「××ぐるい」とよばれることがある。〈外の世界〉から来たものや帰ってきたものが、その内面の世界を共有することなしにたんに外面からながめられるとき、それはこの世界の秩序へのたんなるスキャンダルとして、すなわち欠如や違和として存在する。いいかえれば痴者、あるいは狂者として対他存在する。

オーケストラの指揮者がこっけいに気狂いじみてみえる分だけ、われわれの音楽体験は貧しいように、彼らが痴者であるのは、それをながめているわれわれの視力がとざされているからである。それはわれわれ自身の側の、感覚の限界線の陰画像である。

ドン・ヘナロが頭で坐る

カスタネダは人類学者としてのすばらしい能力——つまり、どんなときにも見たり聞いたりすることを片っぱしからノートにとりつづけるという習性をもっている。アメリカの人類学教室ではそういうトレーニングをもするのかもしれないが、彼はポケットにかくしたままのメモに、相手に気づかれないようにノートをとることさえできるのだ。もっともドン・ファンにはこの手はすぐに見ぬかれてしまい、それ以後はドン・ファン公認で、いつもノートをとりつづけている。このインディオの呪術師はのちに、カスタネダにやさしくこう言う。

「ノートブックは、いわばおまえのもっているただひとつの呪術なのだ。」〔TP, p. 153〕

カスタネダはドン・ファンの紹介でもうひとりの魅惑的な呪術師、ドン・ヘナロと会う。ドン・ヘナロははじめて会ったとき、カスタネダがノートをとりつづけていることが面白くて仕方がなかったらしい。ドン・ヘナロはとめどなく笑いつづけ、床をころげまわっているが、そのうちに奇妙な動作をはじめる。つまり、腕も足も使わず頭だけでさかだちし、しかも坐っているように足を組んでしまう。カスタネダはとびあがるほどおどろいてしまう。しかしドン・ファンにはその意味するところがすぐにわかるらしく、大笑いしてドン・ヘナロをほめる。それは瞬間的にせよいわば「頭で坐っている」かっ

こうであった。(「現実」一二二―一二三)
ドン・ヘナロがあまり笑うのでカスタネダは書くことをやめてしまうが、そのうちに大切な会話がはじまり、またノートをとりはじめる。ドン・ヘナロはニコッと笑って、またあの奇妙なさかだちをする。(同一二三)
ドン・ファンがやっと説明してくれる。ドン・ヘナロはカスタネダのまねをしている、、、、、、、、、、。「ノートをとって呪術師になろうなどとは、頭で坐るのとおなじくらいバカげているとドン・ヘナロは思っているのだ。」「おそらくお前はそれがけっさくだなどとは思うまい。だが頭で坐るという芸当ができるのはドン・ヘナロだけだし、書くことで呪術師になれるなどと思っているのはお前だけなのさ。」(同一二三―一二四)
カスタネダはそんなことを言われて、もう書けなくなってしまう。しかし二人の呪術師は、彼がまた書きはじめるのを期待しているようであった。そのうちにドン・ファンが、「おまえさんがおどかしたものだから、もう書くまいよ。」とドン・ヘナロにいう。ドン・ヘナロはカスタネダのしぐさをまねて、からかうように言う。
「ほらどうしたカルロス、書けよ! 親指がまいるまで書け!」(同一二三―一二四)
ドン・ヘナロの機智はマルクスのヘーゲル批判を思い起こさせる。もっともマルクスはヘーゲルの哲学全体が頭で立っていることを、それ自体言語的に批判したのみであるが、ドン・ヘナロはもうすこしラディカルに、批判のスタイル自体、身体性の水準でおこなっている。マルクスの批判の射程はヘーゲルをさしつらぬいて「ドイツ・イデオロギー」全般にわたり、さらに近代観念論一般をも照準するものであるが、ドン・ヘナロによる被爆範囲はもうすこし広く、近代市民社会の人間の生き方、あるいはさらに文字による文明の歴史の総体にまでおよぶ。

けれどもここで私が読みとりたいと思うのは、このことそれ自体ではない。ドン・ヘナロの機智を、文字の世界への痛烈な皮肉と受けとることもできるし、事実ドン・ヘナロ自身の意図はそのことにあったかもしれない。けれどもたとえば、文字による知識や思想は空しい、といったたんなる自己否定は、文明世界の無反省な自己肯定の単純なうらがえしにすぎない。ここで提起されているのは、二つの世界の関係の問題であり、根本的に異った「世界」との出会いの方法の問題である。

ドン・ヘナロはカスタネダの文字の世界の内的なゆたかさと可能性を見ない。それを親指の運動といった外面性に還元してながめるだけだ。われわれ自身がここでドン・ヘナロに同調し、文字の世界はまずしく無意味だなどと考える必要はない。ボードレールやマルクスやアインシュタインの切り拓く世界の奥行きは、〈書くということ〉の力なしにはありえなかった。〈書くということ〉の切り拓くこの世界の奥行きの総体を、ドン・ヘナロがその外面性に還元してこっけいがるとき、それはメスカリートと共にあるインディオたちの測り難い体験の世界の奥行きを、「ころげまわり」として外面からながめるだけの、われわれの世界の人びとのちょうど逆なのだ、ということの認識にこそ、ドン・ヘナロの「教え」の核心はある。近代社会の人間がかれらインディオの生きる世界を見ることをせず、外面性に還元してながめることで彼らを独断的に矮小化しているのとちょうどおなじに、ドン・ヘナロは文字の世界を矮小化する。

　しかしわれわれにとって重要なのはこの関係を逆の側から、つまりわれわれ自身の側からたぐってみることだ。つまりわれわれが、ドン・ヘナロの理解しようとしない一つの巨大なゆたかさの世界をもつこととおなじに、インディオの諸部族もまたわれわれに未知の、容易には解読しがたい巨大なゆたかさの諸世界をもっているかもしれない。

　ドン・ファンはあるときカスタネダにこんなことを言う。

「いんちきな呪術師は世界のあらゆるものについて、自分でも確かに知りもしない解釈で説明しようとするものだ。だからすべては妖術だということになるのさ。だが、おまえ、も、そ、れ、と、同、じ、よ、う、な、も、の、だ。おまえも自分のやり方ですべてを説明しようとするが、じつは自分の解釈もよくわかってはおらんのだ。」（同一五八）

呪術師ドン・ファンは呪術の世界を絶対化はしない。しかしカスタネダは近代理性の世界を絶対化する。ここでようやくわれわれに、「おまえのノートはおまえのもつただ一つの呪術なのだ」というときのドン・ファンの、おそるべき視界のようなものがみえてくる。

呪者と知者

一九七一年五月、カスタネダがチカノのコヨーテと話した翌朝、「あれは話ではなかったのだよ、はじめておまえのからだが理解したのさ。」と説明するドン・ファンは、さらにつづけてつぎのように言う。

「きのう、世界は呪術師がおまえに教えたような世界になったんだ。その世界じゃコヨーテはしゃべるし、シカもしゃべる、いつかおまえに話してやったようにな。それにガラガラヘビも木も、命あるものみんなだ。だが、わしがおまえに学んでほしいのは、〈見る〉ということだ。」（『旅』三四一）

この〈見る〉*ということは〈ながめる〉**ということと対比して、ドン・ファンの強調する中心的な概念の一つだ。ふつうの人間の視覚は〈ながめる〉ことができるだけで〈見る〉ことはできない。見ることを学んで〈知者〉となることが、ドン・ファンの教えの目標だ。

* 〈見る〉*see*（原文はつねにイタリック）。ドン・ファンのスペイン語は ver だろう。

** 〈ながめる〉look。ドン・ファンの言葉では mirar だろう。〈ながめる〉という訳語は不満足だが、もっとよい言葉がみつからないので、真崎氏の既訳にのっとっておく。英語の自由な読者は、"*see*" と "look" に戻してよんでほしい。それにしても、英語にもスペイン語にも、「みる」にこの二組の語があることは興味深い。おそらくヤキの言語にもあるのだろう。

ドン・ファンはさらにつづけてつぎのように言う。

「たぶんおまえにも、見るということは世界と世界のあいだにはいりこんだとき、つまり一般人の世界と呪術師の世界のあいだにいるときにしか起きないということがわかっただろう。今、おまえはその二つの中間にいるんだ。きのうおまえは、コヨーテが自分に話しかけたと信じておった。見ることのない呪術師ならば、だれでも同じように信じるだろう。だが見る者は、それを信じることが呪術師の領域にクギづけにされることだということを知っている。それとおなじで、コヨーテが話すということを信じないと、ふつうの人間の領域にクギづけにされてしまうのさ。」（同三四一）

ここで、〈見る〉ことへの媒介としての呪術師の世界、という考え方がはっきりしてくる。

「呪術師の世界」は、「ふつうの人の世界」の自明性をくずし、そこへの埋没からわれわれを解き放ってくれる翼だ。しかし一方「呪術師の世界」を絶対化し、そこに入りきりになってしまうと、こんどはわれわれはその世界の囚人となる。

〈見る〉ことと呪術との関係について、ドン・ファンはまたこうも言う。〈呪術師の世界の見方〉を学んだ者でも〈見る〉ことを学ぶとはかぎらない。むしろある意味では〈見る〉ということは、呪術の反対でさえある。（「現実」二〇九―二一〇）「見ることのできる奴はすべてだ。それにくらべたら呪術師なぞ悲しいものさ。」（同二四七）

しかしそれでは、呪術師の世界を知ることなしに見ることを学ぶことはできないのか、というカスタネダの問いにたいして、

「できん。見るためには、別な見方で世界を見ることを学ばねばならんのだ。わしの知っている唯一の別な見方が、呪術師のやり方なんだ。」とドン・ファンは答えている。

〔『旅』三四四〕

これらのことは、前章でわれわれが主題化してきたことの全体が、必要不可欠の前提ではあるが、なおドン・ファンの思想＝生き方の総体の中で、そのいわば第一の局面をなすにすぎないことを示している。

世界を止める

カスタネダが「コヨーテと話した」体験を総括してドン・ファンは言う。

「おまえはただ世界を止めたんだ。」〔『旅』三四〇〕

「その止まったものってなんだい？」少しあとでカスタネダの質問にたいし、ドン・ファンはまた、こう説明する。

「人が世界はこういうものだぞ、とおまえに教えてきたことさ。わかるか、人はわしらが生まれたときから、世界はこうこういうものだと言いつづける。だから自然に教えられた世界以外の世界を見ようなぞという選択の余地はなくなっちまうんだ。」〔同三四一〕

ドン・ファンによれば「子どもと接するおとなはみな、たえまなく世界を描写する教師であり、その子が描写されたとおりに世界を知覚できるようになるまで、その役目を果たしつづける。われわれがその驚くべき瞬間をおぼえていないのは、ただそれと比較すべき対象がなにもないからなのだ。」〔同一〇〕
いったんこのような「世界」のあり方が確立されると、われわれはそれを死ぬ日までくりかえし再生しつづける。たえまないことばの流れによって。
「わしらは自分のなかのおしゃべりでわしらの世界を守っておるのだ。わしらはそれを新生させ、生命でもえたたせ、心のなかのおしゃべりで支えているんだ。それだけじゃない。自分におしゃべりをしながら道を選んどるのさ。こうして死ぬ日まで同じ選択を何度もくりかえししとるんだ。死ぬ日まで同じ心のおしゃべりをくりかえしとるんだからな。」〔「現実」二七一―二七二〕
このような考え方が第四冊目において、言語による「世界」の共同主観的な存立の機制そのものとしての〈トナール〉のイメージに結晶することはすでにみてきた。ただたとえばわれわれが「言語」という名詞を用いるところを、ドン・ファンは「おしゃべり」(talk)という具体的な動詞をもちいる。「言語」といった〈モノ〉のことばへの凝結が、「言い語り」という〈コト〉のことばへと流動化される。それはドン・ファンの思考のスタイルの、具体性と透徹性との秘密のひとつだ。

ドン・ファンの「世界を止める」という観念への、われわれの文明の中で最も近い対応物は、フッサールの「現象学的判断中止《エポケー》」であろう。それはわれわれの意識（内的言語！）のはたらきが判断するいっさいのことをとりあえず「カッコに入れる」。その作用はフッサールによってausschaltenという動詞で表現されるが、この動詞は「（電流を）遮断する」、「（電灯を）消す」、「（電話を）切る」、「（クラッチを）外す」等々、要するに「スイッチを切る」という作用を表現する。*ドン・ファン風のタームでいいかえれば「自分とのおしゃべりを止める」「判断し、評価し、証言するはたらきを中止する」ことにほかならない。

＊　坂本賢三「科学的認識と生活世界」『展望』一九七六年一月号。

これと似た発想はまた、レヴィ＝ストロースらのいわば「人類学的判断中止《エポケー》」にもみることができる。

そこではわれわれの「自明の前提」である文化的「世界」の総体が、フッサールのばあいと同様に、否定はされないがいったんはカッコに入れられて相対化される。「カッコに入れる」とは、それを会話の部分とする、つまり「おしゃべり」とすることである。

マルクスの物象化論の固有の方法論的な翼は、いわば「経済学的判断中止《エポケー》」であった。われわれの生きる「世界」（商品‐貨幣世界）の「自明の」諸前提をカッコに入れること、これらの「モノ」が、じつは人間たち自身の活動とその関係性のたえまない流れによってはじめて存立することをあきらかにすることによって、この「世界」そのものの存立の構造を対自化すること、『資本論』の方法論的な根幹はそのことに他ならない。*『資本論』が副題の示すように「経済学批判」であるのは、近代市民社会の日常生活におけるとおなじに、商品・貨幣・資本といったものの存在を自明の前提とする経済学をそれが批判し、「商品とはひとつの社会関係である」という革命的な命題の示すように、これらを「モノ」としてたえず判断し、証言し、再確認する日常の意識の流れをいったん遮断することをとおして、たえず物象を事象化（脱物象化）してゆくからである。

＊　真木『現代社会の存立構造』筑摩書房、一九七七年。

ナイル河上流に住むヌアー族は「双生児は鳥である」と考えている。彼らによれば、双生児はまず二人の人間でなく、「一人の人間（ラン）」である。そしてその一人の人間は、ホロホロ鳥やコモンシャコなどの鳥（ディット）なのである。だから彼らは、そのうちの一人が死んでも葬儀をしない。女の双生児のばあいは、同じ日に結婚しなければならない。双子の赤ん坊が死んだときは「飛んでいった」といい、ふつうの子供のように埋葬しないで、カゴにいれて木の上におく。等々。*

＊ Evans-Pritchard, E., *Nuer Religion*, 1956.

このような考え方は、レヴィ＝ブリュールらの古いタイプの人類学によって、たんなる前‐論理的な融即（participacion）の現象として片付けられてきた。しかしこのことが、ヌアー人のいう"kwoth"（神ないし精霊）との関係において、ひとつの合理性をもって説明されうることを、レヴィ＝ストロースは解明している。*

＊ Lévi-Strauss, C., *Le Totémisme aujourd'hui*, 1962.（仲沢紀雄訳『今日のトーテミズム』みすず書房、一九六九年）

〈双生児は鳥だ〉ということを、双生児と鳥という直接的な二者関係においてみるかぎり、それは解明されえない端的なひとつの命題であり、その世界の内にいるものにとっては自明、外にいるものにとっては非合理である。* それは潜在する第三者たる「神」との関係においてはじめて解明されうる。このとき双生児と鳥と神とは単純な三つ組ではなく、「神」が他のものを分類する原理を設定し、それらの〈意味の場〉を存立せしめる。

＊ 自明性と神秘性（非合理性）とは、その存立の機制を問われないものの、同位対立的な表現に他ならない。〈見る〉ことのない者にとっては、世界は「自明」な自世界と、ナンセンスな異世界しかない。

さざれ石がいわおとなるというようなアニミズムを近代市民は嘲笑するが、預金が利子を生み土地が地代をもたらすというようなことを自明のことと考える。「からだが資本です」といった表現は、ヌアー人からみればおそらく「双生児は鳥だ」ということ以上に奇妙な信仰にみえるだろう。

資本が利子を生み土地が地代を生むようなことは、われわれでもまだ少し考えれば「奇妙なこと」として、問題的に感じることができる。けれども「商品にねだんがある」とか「お金で人がやとえる」といった水準ではその「自明性」は完璧である。この「あたりまえのこともふしぎなことのように」（ブレヒト）という異化作用が、資本論の方法の手はじめであった。

「商品は、一見自明で平凡なもののようにみえる。けれども商品を分析してみると、それは、形而上学的なデリカシーと神学的な悪意とにみちた、きわめて奇怪なものであることがわかる。*」

* K. Marx—F. Engels, *Werke*, Bd. 23, Dietz Verlag, 1962, S. 85. 大月版『全集』第二三巻第一分冊九六ページ。

〈20エレのリンネル＝1枚の上衣〉という等置は、商品世界の外にある人間にとって、〈双生児は鳥である〉という命題とおなじようにナンセンスにみえる。

もちろんリンネルも上衣も、使用価値としてはすこしも神秘的でない。そのかわりイコールでもない。ヌアー人が双生児は鳥であるというとき、彼らはじっさい双生児がいつでも空をとべるとか、成長した女の双生児はタマゴを生むとかかんがえているわけではない。その日常の生活において、双生児は二人分の人間の食事をとり、地上を歩くしかないことをもちろん彼らは知っている。ただ「神」とかかわりをもつ意味の領域においてのみ、双生児は鳥と等価であるのだ。同様にリンネルと上衣の等価もただ価値としてイコールなのであり、それはこの二者の直接的な関係ではなく、かくされた第三者との関係においてはじめて了解しうる。そのかくされた第三者、商品世界に固有の〈意味の場〉を設定する実体こそは、人間たちの社会的協働連関のあり方（その即自的・媒介的なあり方）*であり、それがリンネルと上衣という異質のものを、「社会的必要労働時間」の同等性として等置する。

＊　真木『現代社会の存立構造』前掲。

つまりこのような、人間たちの活動とその関係性の特定のあり方こそが、リンネルを商品として存立せしめている。

このような『資本論』の方法は、マルクスがその初期の『経済学・哲学手稿』段階の、魅惑的だがなおナイーヴな疎外論図式を止揚して、固有の世界像を確立した記念碑的文書「フォイエルバッハ・テーゼ」の、具体的な展開に他ならない。周知のようにマルクスはこのテーゼの冒頭でつぎのようにいう。

「これまでのあらゆる唯物論の主要な欠陥は、対象・現実・感性がただ客体の、または観照の形式のもとでのみとらえられて、感性的人間的な活動・実践として、主体的にとらえられないことである。＊」

＊　K. Marx—F. Engels, *Werke*, Bd. 3, Dietz Verlag, 1958, S. 5.　大月版『全集』第三巻三ページ。

これは従来の、単純に反映論的な「マルクス主義者」からみると理解しがたい命題であり、「現実」すなわち対象世界を人間の主体的な活動としてとらえるという、ドン・

ファンのようなことを言っている。しかしこの認識こそが、つまり、経済学的な諸カテゴリー（商品・貨幣・資本等々）を人間たちの実践・活動の物象化された姿態として把握する方法こそが、われわれにとって一見自明な商品世界の存立の秘密をときあかすことをとおして、「世界」の自明性をつきくずし、実践的な解放の前提を用意することができた。マルクスは理論の力で商品世界の自明性を「止める」。

『資本論』の物神性論の個所でマルクスが、われわれをロビンソン・クルーソーの島や種々の共同体、あるいは自由人たちのコミューンへといざなうのは、*ドン・ファンがカスタネダを呪術師の世界へといざなうこととおなじに、「世界を止める」ことへの媒介としての異世界への旅である。

＊ *op. cit.*, SS. 90-93. 前掲訳書一〇二―一〇五ページ。

ここでいったん整理しておこう。

現象学的な判断停止《エポケー》、人類学的な判断停止《エポケー》、経済学的な判断停止《エポケー》に共通する構造として、〈世界を止める〉、すなわち自己の生きる世界の自明性を解体するという作用がある。

このことによってはじめて、I 異世界を理解すること、II 自世界自体の存立を理解すること、III 実践的に自己の「世界」を解放し豊饒化することが可能となる。「世界」のあり方は「生」のあり方の対象的な対応に他ならないから、このⅢはいいかえれば、自己自身の生を根柢から解放し豊饒化することに他ならない。*

＊フッサールにとってはⅡが、レヴィ＝ストロースにとってはⅠをとおしてのⅡが、マルクスにとってはⅡをとおしてのⅢが、そしてカスタネダにとってはⅠをとおしてのⅢが、問題のアクセントとしてあっただろう。

明晰の罠

ドン・ファンは到達すべき理想の人間像を「知者」とよんでいるが、人間が知者となる途上には、四つの自然の敵があるという。第一が〈恐怖〉、第二が〈明晰〉、第三が〈力〉、第四が〈老い〉である。〔「教え」九六―一〇二〕

われわれは「ルターとエラスムス」以来、明晰さがしばしば情熱とか行動の敵であるという話はきいている。しかし明晰が、なぜ他ならぬ「知」の敵なのか？

第二冊目『分離された現実』の本文は、ドン・ファンがカスタネダにつぎのように言うところで終っている。

「おまえはあんまりふけりすぎているよ。」（'You indulge too much'）〔「現実」三二四〕

そしてそれにつづくみじかいエピローグは「おまえの中じゃ何ひとつ本当には変わっていないんだ。」ということばで終っている。

その文脈は、ドン・ファンとドン・ヘナロとがやってみせた信じがたい呪術を、カスタネダがなんとか理性的に説明しようとしてうまくいかず、気落ちしきっているところである。

カスタネダは今自分のみたそれらの呪術が、合理的に説明しえないがゆえに、「そんなことはありえないよ！」という。ドン・ファンは「おまえは鎖でつながれておる！自分の理性でがんじがらめにしばりつけられておるんだ。」という。〔同三二一〕

ドン・ファンはカスタネダの、いわば「合理的説明への強迫」を、鎖とかうたねとかよんでいる。

無知に耽溺するものは
あやめもわかぬ闇をゆく
明知に自足するものは、しかし
いっそうふかき闇をゆく

という『ウパニシャッド』の一節*が思いおこされる。

＊『ブリハッドアーラヌヤカ・ウパニシャッド』第四章第四節一〇（長尾雅人訳編『バラモン教典・原始仏典』中央公論社、一九六九年、九九ページ）。

“indulge”とは、まさしくこの「耽溺する」「自足する」という意味に他ならない。それはたとえば慢性中毒患者などが、酒や麻薬などにふけって、そこからぬけだせなくなっている、そういうイメージをもっている。いわば〈自己の惰性に身をゆだねること〉だ。ドン・ファンはカスタネダの、合理的に説明しようとする強迫を、ひとつの“indulgence”としてとらえる。つまり、合理主義的な世界の自己完結性、自足性を、ひとつの罠《わな》として、人間の意識と生き方をその鋳型の中におしこめる一つの閉された「世界」として把握する。

「説明することはおまえをふけらせるだけだ。」（『現実』三一五）といった、たびたびでてくる奇妙な言い方もこれで納得がいく。

この合理主義の強力な自己完結力への対抗力としてドン・ファンは幻覚性植物を用いる。それはいわば「理性からの覚醒剤」であり、日常的悟性への中毒からの解毒剤である。

しかしいうまでもなく、こんどはこの植物への耽溺ということもある。あるいは「いんちき呪術師はすべてを呪術で説明してしまう」といった、呪術師の世界の明晰さの自己完結力というものもある。

このような二つの「世界」の自己完結力のどちらにも身をゆだねることなしに主体性を保持する力を、ドン・ファンは特別な意味をこめて〈意志〉とよんでいる。〈意志〉(will) は〈耽溺〉(indulgence) の反対語であり、後者の惰性化する力に抗して、反惰性化し主体化する力である。それはのちに第Ⅲ象限(「統禦された愚」)の中心概念となる。

「明晰」がなぜ知者の敵であるか、もはやわれわれにはあきらかである。

ドン・ファンは知者の「第二の敵」としての明晰について、こうのべている。

「心の明晰さ、それは得にくく、(第一の敵である) 恐怖を追い払う。しかし同時に自分を盲目にしてしまう。それは自分自身を疑うことをけっしてさせなくしてしまう。」(「教え」九九)

「明晰」とはひとつの盲信である。それは自分の現在もっている特定の説明体系(近代合理主義、等々）の普遍性への盲信である。それはたとえば、デモクリトス的、ニュートン的、アインシュタイン的等々の特定の歴史的、文化的世界像への自己呪縛である。人間は、〈統合された意味づけ、位置づけの体系への要求〉という固有の欲求につきうごかされて、この「明晰」の罠にとらえられる。

対自化された明晰さ

それでは人間は「明晰さ」からどこへゆくのか？　ドン・ファンは「不明晰さ」や「非合理性」を称揚するのか？　そうではあるまい。ドン・ファンは「第三の敵」である〈力〉とおなじく、この第二の敵を克服した者も、明晰さを失うのではなく、これを使いこなすのだと言っている。「明晰さ」を克服した人間のイメージは、ドン・ファンによってまさしく「知者」とよばれているので、「不明晰な者」とか「無垢なる者」とか「情感ゆたかな者」などというふうに名付けられているわけではない。

ドン・ファンは「合理主義者」でないのと同様に「非合理主義者」でも「反合理主義者」でもない。彼はただ平静であり、人間のとらえうるものが〈世界〉の神秘のほんの微小な部分にすぎないことを対自化しうるほどまでに冷静であればこそ、人間的知性の説明体系の自己完結性などを信じていないのだ。

「明晰さにまけないためにはどうすればいいんだい？」

「明晰さを無視して、見るためにだけそれを使い、じっと待って新しいステップに入るまえに注意深く考える。とくに自分の明晰さはほとんどまちがいだと思わねばならん。そうすれば、自分の明晰さが目の前の一点にしかすぎないことを理解するときがくる。こうして第二の敵を打ち負かすんだ。」〔「教え」一〇〇〕

みてきたようにドン・ファンは「明晰」をひとつの耽溺＝自足（indulgence）としてとらえるが、これに拮抗する力である〈意志〉についても、これを「明晰な」ものとしている。〔「現実」一八二〕

前章においてわれわれが幾度かそこにたちもどってきた、カスタネダのコヨーテとの対話についてのドン・ファンのコメントは、この二つの「明晰」の関係をよく示しているように思われる。

コヨーテがしゃべるということをあたまから信じないのが、ふつうの人の「明晰」である。これにたいして、コヨーテがしゃべるということを信じてしまうことが、呪術師の「明晰」である。しかし両方の「世界」がともにカッコに入ったものであり、どちらも「現実」であるということ、「現実」とはもともとカッコに入ったものであること、このことを〈見る〉力が真の〈明晰〉である。〔「旅」三四一〕

「明晰」を克服したものがゆくべきところは、「不明晰」でなく、「世界を止め」て見る力をもった真の〈明晰〉である。

「明晰」は「世界」に内没し、〈明晰〉は、「世界」を超える。

「明晰」はひとつの耽溺＝自足であり、〈明晰〉はひとつの〈意志〉である。

〈明晰〉は自己の「明晰」が、「目の前の一点にすぎないこと」を明晰に自覚している。

〈明晰〉とは、明晰さ自体の限界を知る明晰さ、対自化された明晰さである。*

＊　メタ数学論、メタ言語論と類比的にいえば、〈明晰さについての明晰さ〉として「メタ明晰」ということもできる。

目の独裁

「世界を止めるにはどうしたらいいか。」というカスタネダの問いにたいして、ドン・ファンは「まずなによりも目から重荷をいくらかとりのぞいてやらねばいかん。」と答えている。「わしらは生まれたときから物事を判断するのに目を使ってきた。わしらが他人や自分に話すのも主として見えるものについてだ。戦士はそれを知っとるから世界を聴くのさ。世界の音に聴きいるんだ。」〔「現実」二七二〕

七人のメクラの話はよく知られている。むかし七人のメクラがいて、はじめてゾウというものにさわった。鼻にさわったメクラはゾウを、ヘビのようなものだと言い、腹にさわったメクラはゾウを、カベのようなものだと言い、脚にさわったメクラはゾウを、柱のようなものだと言い、シッポにさわったメクラはゾウを、ヒモのようなものだと言う、等々。この話の趣意はメクラの、片寄ったゾウの像を笑うことにある。そしてその暗黙の大前提として、われわれメアキにはゾウの全体像がみえるから、「客観的に」知っているという安心感がある。しかしわれわれのほとんどがそうであるように、ゾウを動物園などで見たことはあるがさわったことは一度もないという人びとが、見たことはないが、さわったことのある人びとよりも、ゾウを「知っている」といえるか。ゾウの肌ざわり、ゾウのぬくもり、ゾウの呼吸の強さ、ゾウの毛のはえ具合について、われわれはゾウにさわったメクラたちより知ることがうすいであろう。われわれのゾウ像もまた、八つ目のゾウ像にすぎない。メクラたちの世界がそれぞれカッコに入った「世界」であるように、われわれの世界もまたカッコに入っている。にもかかわらずこの寓話が、一般にそういうふうには読まれないのは、目の世界が唯一の「客観的な」世界であるという偏見が、われわれの世界にあるからだ。われわれの文明はまずなによりも目の文明、目に依存する文明だ。

このような〈目の独裁〉からすべての感覚を解き放つこと。世界をきく。世界をかぐ。世界を味わう。世界にふれる。これだけのことによっても、世界の奥行きはまるでかわってくるはずだ。

人間における〈目の独裁〉の確立は根拠のないことではない。目は独得の卓越性をもった器官だ。

仏教で五根を眼《げん》・耳《に》・鼻《び》・舌《ぜっ》・身《しん》というふうにならべるように、視覚・聴覚・嗅覚・味覚・触覚は、このように配列することが自然なようにおもわれる。五項の順列はいくらでもあり、たとえば嗅・聴・触・視・味というふうにならべてもよいわけであるが、これはランダムな印象を与え、はじめの配列がおちついて感じられる。これはこの五つのあいだに、ある基本的な次元で序列性があるからであろう。それはおそらく、対象を知覚するにあたって、主体自身の変わることの最も少なくてよい順であろう。

「身」による認識は、文字どおり「身をもって」せねばならない。熱ければ火傷、冷たければ凍傷、その他対象による捕捉等々の危険を賭することなしに「知る」ことはできない。ここでは「知ること」と「生きること」とはほとんど未分化である。舌は身体の特殊に分化した一器官であり、全身を賭することなしに知覚することができるが、未だその味覚は「直接的」である。逆に視覚は、遠く身をかくしたままで細大もらさず観察するように、主体自身の身を賭すること最小にして対象をこまかに知覚することができる。それはわれわれの〈世界〉からの自立を最も容易にするとともに、〈生きること〉と〈知ること〉の乖離を最大限にする。

したがって、七人のメアキのとらえるゾウ像は、七人のメクラのとらえるゾウ像ほどはたがいにちがわないだろう。そのことは、「世界」の共同主観的な存立を容易にし安定にし、その「客観性」の信仰に自信を与える。「世界」は唯一の〈世界〉であるかの如くに自足する。

しかしドン・ファンはこの目の使い方について、カスタネダに奇妙なレッスンをする。

焦点をあわせない見方

「目から重荷をとりのぞくために耳を使わねばいかん。」といわれて実直なカスタネダは、さっそくノートをわきへよける。ドン・ファンは笑って、べつにむりやりにやらなくてもいいので、世界の音に聴き入ることは調和を保って、忍耐づよくやらねばならないのだという。(「現実」二七二)

カスタネダはその後二カ月ほど「見ないで聴く」ことに打込み、少しのあいだなら音に注意を払うことができるようになる。

二カ月目にドン・ファンと旅に出て丘のふもとの小さな谷にすわる。

「ドン・ファンが目をとじるなと注意した。聴きいると鳥のさえずり、葉の間を走りぬける風の音、虫の鳴き声が区別できた。こうした音に注意を払うと実際に四種類の鳥の鳴き声がわかった。風の早さも葉のこすれる三種類の音も区別できた。虫の鳴き声は眩惑的であった。わたしはそれまで体験したこともない不思議な音の世界にひたされていた。」

「風が葉をこすり合わせた。風は木のてっぺん高く吹き、やがてわたしたちのいる谷まで降りてきた。降りてくるとき、まず高い木の葉に触れ、独得な音を出した。わたしはその音のゆたかさ、きしみにうっとりしてしまった。そして風はヤブをぬけ、たくさんの小さな物がぶつかり合うような音をだした。それはほとんど旋律的ともいえる音で、吸いこむようで断固としていた。他のあらゆるものをかき消してしまいそうであった。不快な音であった。その風のせいでわたしが小うるさいがんとしたヤブの音に似ているような気がしてまごついてしまった。その音が非常にわたし的であったのでそれが憎かった。」

「鳥のさえずりや虫の鳴き声は数えられなかったが、でているひとつひとつの音を聴いているのだという確信があった。それらはいっしょになっておどろくべき秩序を生みだしていた。」—「そのうちに独得な長いむせぶような音が聞こえた。わたしはそれにふるえあがってしまった。他の音はすべてやみ、谷はその端までとどいたむせぶような音の残響を残してまったくしずまりかえった。」〔同二七四—二七七〕

そしてカスタネダは、ドン・ファンのいう「音の中の穴」をみることができるようになる。

ドン・ファンは音に聴きいる時にも、目を開いているように言う。重要なのは見ないことでなく、目に疎外されないことだ。

ドン・ファンの目の使い方についての奇妙な、しかし一貫しておこなわれるレッスンは、焦点をあわせないで見る、ということだ。〔「現実」一九八、「旅」二二七、二四〇、二

五二、他〕

われわれがふだんおこなっている〈焦点をあわせる見方〉は、全体から引出され抽象された(abs-tract)個物に関心を集中する。ルビンやゲシュタルト心理学の用語でいえば〈図〉と〈地〉の明確な分化をその前提とする。〈焦点をあわせない見方〉とはぎゃくに、個物にのめりこまないように全体のバランスをみる見方であり、〈図〉と〈地〉の分化以前をたもつということである。

アフリカの原住民に衛生思想を普及するための啓蒙的な映画を見せたあと、「あなた方はこの映画で何を見ましたか」と質問すると、三十人ほどの回答者はすべてただちに「ニワトリを見た」と答えた。映画をみせたイギリス人たちにはそこにニワトリなど写っているおぼえはない。念のためにもういちどフィルムをひとこまずつ注意深く見てゆくと、ある場面でニワトリが画面の右下を横切ってゆくのが写っている。原住民たちは彼らが関心をもっているこのニワトリだけを「見た」のだ。一方映画を見せた側では、だれひとりニワトリなどは「見て」いなかった。*

＊ M. McLuhan, *The Gutenberg Galaxy : The Making of Typographic Man*, 1962. 高儀進訳『グーテンベルグの銀河系』竹内書店、一九六八年、八九―九一ページ。

映画という枠付けられた視覚の中でさえこうなのだ。われわれがふだん「見て」いるものは、目を開けて視野を大きくもっていても、どんなに世界の一部にすぎないかということを、このエピソードは物語っている。それはわれわれが無意識に、いつも焦点をあわせているので、〈地〉となった部分を無視しているからだ。〈焦点をあわせる見方〉においては、あらかじめ手持ちの枠組みにあるものだけが見える。「自分の知っていること」だけが見える。〈焦点をあわせない見方〉とは、予期せぬものへの自由な構えだ。それは世界の〈地〉の部分に関心を配って「世界」を豊饒化する。

「わしはそいつを一立方センチメートルのチャンスと言っておるんだ。」ドン・ファンが言う。「戦士であろうがなかろうが、わしらはみんな、目の前にとび出す一立方センチメートルのチャンスをもっておるんだ。ふつうの人間と戦士のちがいは、戦士はこれに気づいておって、自分の一立方センチメートルがとび出てきたときにそいつをつかまえるだけのスピードと勇敢さをもてるように、いつもじっくり油断なく待っておるのさ。チャンスとか、幸運とか、個人的な力とか、とにかくなんと呼んでもいいが、そいつは独得のものなんだ。わしらのまえに出てきて、摘むように招くひどく小さな小枝のようなものさ。ふつうだと、わしらはいそがしすぎたり、他のことに気を奪われていたり、でなければただおろかで不精すぎたりして、それが自分の一立方センチメートルの幸運だってことに気づかないんだ。」(『旅』三一七—三一八)

そして「自分の一立方センチメートルの幸運をつかめると思うか?」という問いにたいしてカスタネダが「いつだってそうしてると信じてるよ。」と答えると、「わしは、自分の知っていることに注意深いだけだと思うがな。」とドン・ファンは言う。

「しないこと」

「世界を止める」ということは、すでにみたように、まずさしあたり「内なる対話の流れをとめる」という言語性の水準で規定される。しかし「焦点をあわせない見方」や目の独裁にたいする批判は、「世界を止める」ということがさらに、対応する身体性の水準をもつことを示唆する。

第三冊目『イクストランへの旅』には、「しないこと」(Not-Doing) という奇妙な題名の章がある。その章の直前のところはつぎのようである。

「もう充分しゃべったな。」ドン・ファンはぶっきらぼうな口調でこう言って、カスタネダの方をむく。

「ここを発つ前に、おまえにはもうひとつやらねばならんことがある。しかもいちばん肝心なことだ。いま、おまえがなぜここにいるのか心を静めるために教えてやろう。おまえがわしに何度も会いにくる理由は単純だ。おまえがわしに会うたびに、おまえのからだは、たとえおまえの意に反しても、なにかを学んできたんだ。そしてついに、もっと学ぶためにおまえのからだが、わしのところへ来る必要を感じるようになったのさ。そうだな、おまえは考えたこともないかもしれんが、おまえのからだは、自分が死ぬだろうってことを知っとるんだ。だからわしは、わしも死ぬから、その前におまえのからだに、おまえじゃ教えられんようなことを教えてやる、とおまえのからだに言いつづけてきたんだ。そうさな、わしがおまえのからだの友だちだから、わしに会いにもどってくるんだ。」

それから長いこと沈黙してから、

「前に、強いからだをつくる秘密はなにかをすることではなくて、しないことにあると言ったろう。そろそろ、いつもしてることをしない時期だな。ここを発つまですわって、しないんだ。」

「ぜんぜんついていけないよ、ドン・ファン。」カスタネダがいうと、ドン・ファンは彼のノートを手でおおい、とりあげてしまう。注意深くノートをとじてゴムバンドでとめると、円盤投げのようにしてヤブの中へ放りなげてしまう。

カスタネダが抗議すると、ドン・ファンは大きな灌木を指し、その葉でなく葉の影に注意を集中させるように言う。そして、人間が暗闇の中で走りたくなるのは、必ずしも恐怖に駆られてではなく、「しないこと」を知ってよろこびにわいている身体の、きわめて自然な反応でもありうるのだと言う。そして何度も何度も、「わたしがやり方を知っていることをしない」というのが力へのカギなのだ、と耳もとでささやく。

「木を見つめるときに、わたしがやり方を知っているのは、すぐに葉に目の焦点を合わせることだ。葉の影や葉と葉のあいだの空間はけっしてわたしの注意をひかない。彼の最後の注意は次のようなことだった。まず一本の枝の葉の影に焦点を合わせることからはじめ、最後には木全体に進めて、目が葉にもどらないようにするのだ、というのも、自分の力をためるための大事な第一歩は、からだに『しないこと』をさせることだからである。」

　カスタネダはしばらくのあいだ葉の影をみることに没頭する。それからドン・ファンにうながされると、ヤブの方へゆき、ほとんど苦もなく自分のノートのところにたどり

つく。〔「旅」二五〇―二五二〕

ここには三つのポイントがある。

第一に、言語性の水準から身体性の水準への移行。「もう充分しゃべったな。」ということばにつづいて、彼らのかかわりが「からだ」(body)の自律性の問題として語られる。

第二に、この水準における最も重要な課題としての、「しないこと」の提起。

第三に、この「しないこと」の予備的な内容説明。それがさしあたり、目の使い方の問題として例示される。

世界の〈図柄〉に焦点をあわせる見方が「すること」であり、〈地〉であった図柄の〈あいだ〉に関心をあててゆくのが、このばあい「しないこと」とされる。

それにつづく「しないこと」という章では、ドン・ファンがカスタネダを熔岩の山につれてゆく。固い熔岩の輝く山肌に太陽の光が無数に反射して、峡谷《キャニヨン》全体が大きな光のしみでいっぱいにみたされている。ドン・ファンはこのいちめんの光の中から、重く暗い場所を見つけ出すように言う。〔「旅」二五九―二六〇〕

そらの散乱反射のなかに
古ぼけて黒くゑぐるもの
ひかりの微塵《みぢん》系列の底に
きたなくしろく澱《よど》むもの

（宮沢賢治「岩手山」）

カスタネダがずっと周囲の印象を書きとめていると、ドン・ファンがいう。
「ここに来れば、おまえはわしが何も言わんでも、〈しない〉ということがわかるかと思っておったが。まちがっていたな。」（「旅」二六〇）
そしてことばで説明しはじめる。
「世界が世界であるのは、それを世界に仕立てあげる仕方、〈すること〉を知っとるからなんだ。もしおまえがそう〈すること〉を知らなければ、世界はちがっていただろうよ。〈世界を止める〉ためには、〈すること〉をやめねばならん。」（同二六二―二六三）
ここでは「世界」の存立について、その言語（logos）による存立よりもいっそう始源的な、行動*（Tat）による存立という考え方が示される。（言語性の「意識」のない動物たちにとっての「世界」は、彼らの前ロゴス的な知覚と行動のシリーズをとおしてしか構造化されえない。」

＊　ゲーテ『ファウスト』第一部「書斎(一)」。

〈しないこと〉への入門としてドン・ファンがとりわけ影に注目することの理由を、彼はこのように説明する。

「影は扉なのさ。〈しないこと〉への扉なんだ。たとえば知者は人の影を見てそいつの一番奥深い感情を知る。」「影が影にすぎないと信じこむのが、〈すること〉なんだ。そういう信念は、どうもばかげておるな。こう考えるんだ。つまり、影にあきらかにそれ以上のものがある世界では、あらゆるものにそれ以上のものがある、とな。」（「旅」二七〇）

カスタネダは長いあいだ石の影をみることや、「二つの影をまぜあわせること」に没頭する。やがて石を見ているという感覚がなくなり、「これまで知っていたあらゆるものを超える広大な世界に降り立ってゆく」感覚をもつ。この特異な知覚はほんのしばらくつづいて、それからすべてが消えてしまう。反射的に上を見あげると、ドン・ファンが岩の上に立ち、自分のからだで太陽の光をさえぎっていた。

「わたしがその異常な知覚のことを話すと、彼は、わたしがその中で迷い子になりそうなことを〈見た〉のでやむをえず妨害したのだ、と説明した。そして、そういう感じが現われれば誰だってそれに夢中になってしまうのは当然なので、私もそれにふけってしまう（indulge）ことで、〈しないこと〉自体をあやうく〈すること〉に変えてしまうところだったのだ、と言い加えた。そして私のするべきことは、それにうち負かされることなしにその光景を持続させることだった、ある意味で〈すること〉とは、うち負かされる仕方なのだから、と言った。」（同二七二）

ここでも「呪者と知者」についてのさきのドン・ファンの考えと、相同な思想がつらぬかれていることはいうまでもない。

ねずみと狩人

ドン・ファンはまた、カスタネダを「水ねずみ」の狩りにつれていく。彼らはこの動物の習性を観察し、その動きを予測してワナを仕掛ける。

カスタネダがほぼワナを完成しかかったころ、とつぜんドン・ファンは仕事をやめて、まるで一度もはめたことのない腕時計を見るようにして左手首をみつめ、わしの時計によれば昼食時間だ、という。カスタネダは機械的に道具を下におく。ドン・ファンは「物珍しそうに」カスタネダをみつめ、昼食時に工場で鳴らすサイレンの音をまねする。カスタネダが彼の方へ歩きはじめるとまもなく、またサイレンのまねをする。「ちくしょうめ。」とドン・ファンはいう。「昼食は終わったぞ。仕事へ戻れ。」カスタネダは、昼食用の材料がなにもないのでドン・ファンが冗談をいっているのだと思い、また仕事にとりかかる。少しすると、またドン・ファンの「サイレン」がなる。「家へ帰る時間だ。」そして左手首に目をやり(時計があるつもり)、カスタネダに目くばせをする。「五時だぞ。」秘密を明かすようにいう。カスタネダは、彼が狩りにもうあきて、仕事をやめるのだろうと思う。帰り支度をおえて見あげると、自分の荷物をまとめているのだろうと思っていたドン・ファンは、すぐそばであぐらをかいてみている。「ぼくはいいよ、いつでも行けるよ。」カスタネダがいう。ドン・ファンは岩の上にのぼり、ひときわ大きな工場のサイレンをならしながら一回転する。「何をやってるんだい。」ときくと、世界中に家へ帰れと合図をしているのだ、と答える。カスタネダは、以前きかされた何かと関係のある教訓かもしれないと思ってみるが、べつになにも思い出せない。そのうちにドン・ファンがまた両手をメガホンにして、サイレンをならす。「朝の八時だぞ。

仕事をはじめろ。」カスタネダはドン・ファンが狂ったと思い、あっという間に恐怖心がつのる。

「わしが狂ったと思っとるんだろう?」ドン・ファンが岩からすべりおりてきて、笑いながらいう。彼はカスタネダの、あまりにも予想しやすい行動にびっくりしていたので、こんどは逆に、まったく予想できない行動をして、カスタネダをおどかしてやろうとしたのだ、と説明する。そして、カスタネダの生活のきまりきった型は、彼がサイレンのまねをするのと同じくらい気違いじみている、という。

「昼食のことを気にしとったろう。」

「ぼくはなにも言わなかったよ。なぜ気にしてたってことがわかる?」

「いつも昼すぎ、夕方六時すぎ、朝八時すぎには食うことを気にしとる。腹がへってなくても、その時間になると食う心配をしとる。おまえの型にはまった精神を見せるには、サイレンのまねをするだけでよかった。おまえの精神は合図で働くように仕込まれとるからな。」

「今おまえは狩りをも型にはめようとしておる。おまえは狩りのなかにも自分のペースをつくりあげてしまった。ある時間になるとしゃべり、ある時間になると食い、ある時間になると眠るというわけだ。」

「わしの目には、おまえ自身の行動がおまえの追っている獲物のように映るんだ。わしも昔、同じことを言われたことがあった。と、いうことは、もちろん、わしら自身が何かの、あるいは誰かの獲物になるってことだ。そこでだ、このことを知っとる狩人は、自分自身が獲物になることをやめるわけだ。」〔「旅」一一二—一一八〕

カスタネダがドン・ファンと知り合った最初のころ、カスタネダは彼の親族関係や系譜に関する、文化人類学的な調査の項目をたくさん用意し、ひとつひとつチェックしていこうとする。しかしこの企ては「わしには履歴なぞないのさ。」というドン・ファンの一言ではぐらかされてしまう。「履歴を消しちまうことがベストだ。そうすれば他人のわずらわしい考えから自由になれるからな。」

そんなことがどうしてできるのかというカスタネダの問いにたいして、「少しずつバランスをとって切りとってゆくのさ。」とドン・ファンは答える。「少しずつ自分のまわりに煙幕をはらにゃいかんな。確かなこととかリアルなこととかがいっさいなくなるまで、自分のまわりにあるものをみんな消さねばならんのだ。おまえにとって今問題なのは、おまえがあまりにもリアルだってことだ。まずおまえ自身を消すことから始めにゃならん。」「わしらには二つの道しかないんだ。つまり、すべてのものごとを確かでリアルなものとするか、しないかだ。もし前の道をとったら、自分自身や世界にあきあきしておしまいさ。後の道をとって履歴を消しちまえば、ウサギがどこでとびはねるか誰も、わしら自身さえわからないようなすばらしい神秘的な状態なんだ。なんでも知っているようにふるまうよりは、どのヤブにウサギがかくれているか知らない方がずっとすばらしいさ。」〔「旅」二九―三九〕

窓は視覚を反転する

ここでこの〈第IIの局面〉において焦点をあててきたいくつかの核となる観念を、対応させて総括しておこう。

一 〈世界を止める〉ということはまずさしあたり、言語性の水準における ausschalten（スイッチを切ること）として規定された。**二** けれどもそれは、知覚における〈目の独裁からの解放〉、あるいはとりわけ視覚における〈焦点をあわせない見方〉のうちに、その身体性の水準における対応物をもつ。**三** 身体の対外的な器官（機能）は大きく感覚器官（インプット機能）と運動器官（アウトプット機能）とに分けられるが、知覚（インプット）に対応するアウトプットとしての行動の分野においても、そのaus-schalten として〈しないこと〉が提起される。四 これらの両水準・両側面における aus-schalten を総括する観念として、生き方（生活・人生）の総体における〈生活の型をこわす〉〈履歴をすてる〉ということが提起される。

これらはすべて、自己の「世界」の惰性的な自足（indulgence）からの自己超越・自己解放の、それぞれの水準における表現に他ならない。

〈世界を止める〉ということはこのように、身体性の水準にまで一般化してとらえられたときにはじめて、現実的な解放の原理となりうる。言語性の水準における aus-schalten は、（それ自体にとどまるかぎりは）世界をラディカルに解釈することはできても、世界をラディカルに変革することはできない。

われわれはさきに、言語性の水準における〈世界を止める〉いくつかの試みとして、フッサールやレヴィ＝ストロースやマルクスの現象学的・人類学的・経済学的な判断停止《エポケー》をとりあげてきた。

ブレヒトの演劇における「異化効果」Verfremdungseffekt はこの方法の、身体性の水準における対応ともいえる。ヘーゲルやマルクスの疎外論研究をふまえ、梅蘭芳の京劇やシクロフスキーの「反日常化」理論とともにフッサールの判断停止《エポケー》に示唆をえたこの異化効果は、「引用された身ぶり」をとおしてわれわれの「世界」の自明性を問題化してつきつける。「あたりまえのことはあたりまえのこと」という「世界」の「明晰さ」をつきくずすそれは、けっして「不明晰」へではなく、「明晰」をカッコに入れる認識の〈明晰〉へと観客をみちびこうとする。

『イマジン』（想像してごらん）というジョン・レノンの歌を生み出し、この歌がこだましつづける一九七〇年代以降のアメリカ、ヨーロッパと日本の「新しい社会運動」の世代は、しぐさや生き方のスタイルの水準における市民社会の「自明の」前提のいくつかをつきくずしてきた。ベトナム参戦を拒否してペンタゴンの前で徴兵カードを焼いた世代と、数十万というカスタネダの読者の層とは深く重なり合っている。国家を国家として、帝国主義を帝国主義として、客観的・物象的に存立せしめているのは、「令状《カード》が来れば戦場に行く」というふうにわれわれの身体の中にプログラムされ埋め込まれている、われわれ自身の「すること」なのだ。カードを焼く青年たちは、少なくとも一つの水準で「世界を止め」、国家を国家に「しないこと」によって、国境のある世界に小さな、けれどもやがてその死に至る風穴をあける。それは市民の常識の「明晰さ」をこえて、カードに憑依する国家権力の呪力を剝奪する〈明晰さ〉なのだ。それはまた反転して民衆の戦争責任、権力責任の問題を照射してしまう。

図柄が存在しないかぎりは、地は永久にいちめんの地であるばかりだ。どんなに小さな図柄であっても図柄がいったん現われた以上、それは図柄の方を地として、地の方を図柄として視覚を反転する道をひらく。「見なれたことも見なれぬことのように。あたりまえのこともふしぎなことのように」丸の内のとりすましたオフィス街に姿を現わしたねんねこはんてんの漁民たちのように、それはまず異様なものとして、スキャンダルとして出現し、逆にその周辺の「世界」の方を、日常する異様性として、遍在するスキャンダルとして照射する。

とざされた世界のなかに生まれ育った人間にとって、窓ははじめは特殊性として、壁の中の小さな一区画として映る。けれどもいったんうがたれた窓は、やがて視覚を反転する。四つの壁の中の世界を特殊性として、小さな窓の中の光景を普遍性として認識する機縁を与える。自足する「明晰」の世界をつきくずし、真の〈明晰〉に向って知覚を解き放つ。窓が視覚の窓でなく、もし生き方の窓ならば、それは生き方を解き放つだろう。

III 「統禦された愚」——意志を意志する

われわれはI、II章において、ヤキ・インディオの老人ドン・ファン（およびその友人ドン・ヘナロ）の旋回する世界観・人生観の四つの局面のうち、「世界」からの上昇のベクトルをもった最初の二局面をみてきた。そこですでにことわったようにここでの目的は、ヤキ・インディオの独自性についての文化人類学的な知識ではなく、われわれ自身の生き方を解き放ってゆくための触発的な素材を、固有なもののもつ普遍的な力として狩ることにある。

意志は自分に裂け目をつくる

第II局面（前章）の主題であった「世界を止める」ということを、まずふりかえって確認しておくと、つぎのようなことであった。

一　生命体としてのわれわれのしぐさやことばをとおしての外界とのかかわり方は、ある社会の成員として成長する過程の中で、特定の型どりをもって安定してくる。二　このような外界との関係性の特定の型どりの両面として、その個体の「世界」と「自己」とが、蝶つがいのように双対して存立している（これをドン・ファンは〈トナール〉とよぶ）。三　この特定の「世界」↕「自己」のセットは、いったんセット・アップされると、それ自体の自己完結的な「明晰さ」のうちに凝固し、生命体の可能性を局限してしまう（「耽り」indulgenceとしての「明晰」）。四　「世界を止める」とは、このようにあらかじめプログラミングされた「世界」＝「自己」のあり方への固着からの自己解放（deprogramming）に他ならない。五　それは、自己のなずんでいるしぐさやことばによる意味づけの絶えまない流れを遮断し（ausschalten）、「世界」の自明性をつきくずすことによってえられる。六　それはさしあたりは言語性の水準において表象されているが（「自分との対話を止めること」）、身体性の水準にまで一般化されてはじめて、根柢からの自己認識と自己解放の原理となりうる（「しないこと」「生活の型をこわすこと」）。

すでにみたようにドン・ファンは、このとじられた「世界」への〈耽り〉indulgenceに拮抗する概念として〈意志〉willをおく。「われわれの意志は耽溺にさからって作用するんだ。」〔「現実」一八三〕

ではその「意志」とはどのようなものであろうか。ドン・ファンはそれを「人間と世界をむすぶ真のきずな」であるという。〔「現実」一八四〕これは一見きわめて分りやすい、むしろあたりまえのことである。われわれは意志をもって世界のいろいろなものとむすばれる。「これがほしい」「あれをしたい」というふうに。けれどもそういう意味なのだろうか？　ドン・ファンの孫のルシオがオートバイを買おうと決めた決心を例に、意志とはそういう決心のことかとカスタネダがきくと、ドン・ファンはくすくす笑いながら、それは意志とは正反対のもの、つまり耽溺にすぎないという。〔同一八二〕

つぎにカスタネダが、それは勇気のようなものかときくと、ドン・ファンはそれを勇気と比較してつぎのようにいう。勇気は常識的なことを大胆にやってのける。けれども意志は、われわれの常識そのものに挑戦するのだ、と。

またドン・ファンはつぎのようにいう。

「たとえば、おまえの意志はもうおまえに少しずつ裂け目をつくっているんだぞ。」（同一八四）

「私」という中国文字は元来「禾《のぎへん》」を除いた「厶」のみであり、それは△三角形、すなわち囲いこむことを意味した。通常「禾《のぎへん》」すなわち穀物を表わす記号がついているのは、農業生産物の私有が最初の本格的な私有であったからにちがいない。このことは農業生産と余剰生産物の蓄積、私的所有と個我の意識、文字言語の形成から、階層社会の形成と政治権力の析出に至る、いわゆる新石器革命の総体をみごとに集約している。「私」とはまず現実的には囲いこみであり、壁をめぐらすことである。それが成功すればするほど、それは世界の他の部分を排除することによって、ぎゃくにみずからを幽閉する城壁ともなる。近代的自我の古典的な表象であるライプニッツのモナドが「窓をもたない」ように、「私」への自足する耽溺（indulgence）として近代的自我をとらえることができる。ドン・ファンによれば〈意志〉とは、このように自足する自己に噴出口opening を開かせるものだ（同一八四）。それはモナドに窓をうがつのだ。

ドン・ファンが意志を、I勇気と峻別し、II自分に裂け目をつくるものとしてとらえていることは、二重の意味での超越の契機としてそれをかんがえているということだ。すなわちI「世界」common senseからの超越の契機として、またII「自己」超越の、あるいは「脱自性」の契機として。

それは通常の常識（共有感覚《コモン・センス》）の中で、惰性的な自己の欲求にしたがって「これがほしい、あれがしたい」という「意志」とは、正反対のベクトルをもって拮抗するものだ。なぜなら後者は、まさしくすでにある「世界」と「自己」とに、くりかえしたちかえらせて呪縛する契機に他ならないのだから。

自分の力から身を守る楯

以上にのべてきたところまでは、〈耽り、対、意志〉の文脈でスッキリ理解できる。同時にそのことにとどまるかぎりは、第II局面の主題であった「世界を止める」の延長にすぎないのであって、あらたな局面が展開されているわけではない。けれども前項でのべてきたことは、じつはドン・ファンの〈意志〉の観念の、一つの側面にすぎない。

たとえばドン・ファンはべつのところで、こんなことを言う。「わしらは自分の裂け目をとおして死んでしまうのだ。だからそれが開いていたらいつでもそれを埋められる

ように自分の意志をしておかねばならん。」(同二六九)

さきには意志を、自分に裂け目をつくるものとしてのべていたのに、ここでは反対に、自分の裂け目をとじるものとしてのべている。このインディオの老人はたんに支離滅裂なでまかせをいっているので、矛盾律の欠如した「未開社会の思惟」の標本にすぎないのだろうか?


「意志が自分の裂け目を閉じる」という話がでてくる場面は、つぎのようである。

ドン・ファンはいつものように、カスタネダと狩りに出るしたくをしている。

「何をとりに行くんだい?」

「とくべつな動物だ。シカかもしれんしイノシシかもしれん、ピューマかもしれんぞ。」

そこからすこし間をおいて「ワシかも」とつけくわえる。

ところがすっかりしたくをすませて車にのりこむまぎわになって、何かを思い出したようにニッコリすると、狩りは延期しなければならないという。狩りができるためには必要なあることをカスタネダがまだ学んでいないからである。

二人は逆もどりし、ドン・ファンのラマダ(掛け小屋)の下にすわりこむ。

「これはおまえが戦士について知らねばならん最後のことだが、戦士は自分の世界を作っている項目を選び出すのだ。」と、ドン・ファンが話しはじめる。「前におまえが盟友に会ってわしがおまえを二度洗ったときな、あのとき何が悪かったか知っとるか?」

「いいや。」

「自分の楯をなくしちまったのさ。」

「楯って? 何のことだい?」

「戦士は自分の世界をつくる項目を選び出すといったのだ。注意深くな。なぜなら自分の選ぶ項目のひとつひとつが、自分で使おうとしとる力の攻撃から身を守る楯なんだからな。たとえば、戦士は自分の盟友から身を守るためにその楯を使うのさ。ふつうの人間もおなじようにそういうふしぎな力にかこまれておるのだが、そのことに気がつかないのさ。それはふつうの人間は、自分を守るのにべつの種類の楯をもっておるからだ。」

「その楯って何だい?」

「人のすることさ。」

「人が何をするって?」

「そうだな。まわりを見まわしてみる。人びとは人のすることをすることで大忙しだ。

それが連中の楯なのさ。さっき話していたふしぎな不屈の力に呪術師が出会うときには、いつでも彼の裂け目が開いて、ふつうの人間以上に死に影響されやすくなるんだ。わしらはその裂け目をとおして死ぬんだと前にも言っただろう。だから裂け目が開いていたら、いつでもそれを埋められるように自分の意志をしておかなければならんのだ。もしそいつが戦士ならばだがな。もしおまえみたいに、戦士ではないばあいには、力との出会いの衝撃から気を取り戻して自分の裂け目を閉じさせるために、日常生活での活動を使うより仕方がないのさ。」(同二六八―二七〇)

1　この日の狩りの目的はほんとうは動物ではなく、〈力〉を狩りに行こうとしたのだ(べつの狩りの時ドン・ファンはカスタネダに、今日はほんとうは動物ではなく、〈力〉を狩りにきたのだというところがある)。動物そのものはどうでもいいので、シカとかイノシシとかピューマとかワシとか、適当なことを言ったのである。

2　しかしいざ出発というだんになって、カスタネダにはまだ〈力〉を狩る用意ができていないことに気付く。

3　その用意とは、〈自分の世界を作る項目を選び出す〉ということである。

4 それは〈力〉を狩るときに、逆に〈力〉によって生命を奪われてしまわないための、楯である。

5 そのつぎに奇妙な表現がある。「自分の盟友から身を守るために」その楯を使うのだという。敵からではなく盟友からである。「盟友」ということばをドン・ファンはすでにみたように、ある種の幻覚性植物などに使う。それらは彼をあの「力の舞う場所」＝異世界にみちびいてくれる盟友ではあるが、同時に彼をそのままこの世界からつれ去ってしまおうとする危険な伴侶なのだ。

6 その楯とは〈人のすること〉である。たとえばふつうの人にとっては、職場とか家庭といった「日常生活での活動」である。それがふつうの人間の「自分」（であること）を守っているのだ。

7 その次からが決定的である。まず呪術師は、ふつうの人間のようには「自分」の壁が固くないので、〈力〉と出会うと裂け目が開いて、この〈力〉を狩って自分の力とし、超人的なはなれわざでもやってのけることができる。

8 けれどもこの呪術師の強みは同時に弱みでもある。彼の裂け目はいつでも開きすぎて、自己解体への危険をはらむ。

9　したがってわれわれは自分の意志をきたえて、いったん開いた裂け目をいつでも閉じられるようにしていなければならない。この用意なしに〈力〉を狩ろうとすることは致命的である。ドン・ファンが狩りの獲物を告げるとき、最初はでまかせにシカとかイノシシとか言って、それからピューマかもしれんぞといい、少し考えて「ワシかも」とつけたしたのは、意識的にか無意識的にか、次第にこの言外の獲物、〈力〉のイメージをたぐっていたのだ。それは不用意な狩人をいきなり襲って、この地上からつれ去ってしまう危険をもつものだ。

死のコントロール

このような考え方は、人間の生と死についてのある基本的なイメージを下敷きとして、はじめて理解することができる。それはおよそつぎのようなものだ。

一　われわれの個人的な〈生〉とは、われわれの実質 māteria である宇宙そのものが、一定の仕方で凝集して個体化した形態 fōrma に他ならない。われわれは実質 māteria としては永遠であり、形態 fōrma としては有限な存在である。いいかえれば〈ナワール〉としては永遠、〈トナール〉としては有限な存在である。「〈トナール〉は誕生と共にはじまり、死と共に終る。しかし〈ナワール〉は終ることがない。〈ナワール〉には限界がないのさ。」＊〔TP, p. 138〕

＊　伝宝明徳氏によれば、ドン・ファンのいう〈ナワール〉と〈トナール〉とは、バラモン思想における〈宇宙我〉brahmanと〈個体我〉ātmanに照応する。

二　したがってわれわれの個人的な〈死〉とは、われわれの実質が形態をこえて拡散してゆくことである。ドン・ファンは自分の息子ユラリオの死を、こんなふうに見る。「息子の命が分解して透明な霧のようにその限界を超えて拡がってゆく。」「それが生と死が混じり合って拡がってゆく仕方だからさ。」「それが何であれ、死がやつの生を拡げたんだ。」〔同一一五、二四四〕そして人間が年老いてやがてその死のしずかな力に対抗するすべを失うと、「その生が仲間たちみんなの生とおなじになるんだ。自分の限界を超えてたなびき拡散する霧になってな。」〔同二四七〕

三　ふつうの人間の日常生活においては、生はみずからの形態fōrmaの中にまったく内没し、凝固している。彼らは〈死のない人びと〉である。

四　呪術師は、この生命の凝集力に裂け目をもっており、そこからふつうの人間の日常的な生き方をこえる力を獲得する。〈ナワール〉はすでにのべたように（前章）、通俗的には、呪術師がそれに変身すると信じられている動物、またはそのように変身する能力をもった呪術師としてイメージされている。それが変身の「対象」である動物なのか、変身の「主体」である呪術師自身なのかというアイマイさをもつかにみえるのは、〈ナワール〉という観念の核が、このような個体性の限界からの、拡散的越境ということそれ自体にあるからであろう。「呪術師は死にみずからを襲わせる。」（同二四六）

五　しかし同時に、すでにみたように、この裂け目とは生命に個体としての形態 fōrma を与えている凝集力そのもののゆるみであるから、そこを通して生命が解体してしまう危険をいつでももっている。すなわちこの〈ナワール〉の力、個体の生を超える力は、呪術師のまさしく呪術師としての能力の源であり、その盟友であると同時に、いつでも彼におそいかかって生命を解体しようと身がまえている危険な友である。一般にシャーマンがその力を発揮するトランス状態においては、仮死状態からじっさいに死に至ったり廃人となることもめずらしくない。また幻覚性植物やLSDによる感覚の拡大とエクスタシーが、忘我状態から永久に魂をつれ去ってしまい解体してしまうことのあることはよく知られている。あたかも狩人が、その狩ろうとするピューマやワシに逆につれ去られ解体されてしまうように。

六　だから人間が、この個体性のかなたの力を狩ろうとするときは、すなわち「自己」を超える歓喜や「世界」を超える明晰を獲得しようとするときは、この遠心力に拮抗して生命の凝集力をいつでもとりもどせるように、意志をきたえておかねばならない。

七　このように、個人としての自己の生命の凝集力の解体とその再凝集とを、主体的にコントロールする力が〈意志〉であり、このような〈意志〉を強く発達させた人間が（たんなる呪術師とは異る）〈戦士〉である。〈戦士〉は自分の死とわたりあう。

古い楯が使えなくなる

さて、ドン・ファンの話はつづく。

「おまえが盟友に会ったあの日、おまえを水につけて冷たい思いをさせたときおまえは怒った。服を着とったからよけい寒かったろう。だが怒ったり寒かったりすることがおまえの裂け目を閉じるのに役立っておまえは守られたんだ。だが今のおまえにはもうそういう楯を、ふつうの人間ほど効果的には使えないんだ。おまえは例の力のことを知りすぎていて、戦士のように感じたりふるまったりする瀬戸ぎわまで来ているんだからな。古い楯はもう危くて使えんのだよ。」

「それじゃどうすればいいんだい？」

「戦士のようにふるまって自分の世界の項目を選び出すことさ。」「盟友に会うってことはパーティーや日曜日のピクニックとはわけがちがう、戦士は自分の生を守る責任があるんだぞ。〈力〉がおまえをたたいて裂け目を開けたら、自分でそれを閉じるように意識してつとめねばならん。そのためにはおまえは、大いなる平和とよろこびを与えてくれる物ごとを、つまり衝撃から気をとり戻して裂け目を閉じ、自分を固まらせるために意識的に使えるような物ごとを、選びぬいておかねばならん。」

「人がすることはわしらを囲んでおる力への楯なんだ。人としてわしらがすることは気を楽にしてくれるし安心感を与えてくれる。人のすることはたしかに重要だ、ただし楯としてだけな。人としてわしらのすることが楯にすぎないということをわしらはけっして教えられんから、それにわしらの生をまかせてぐらつかせておる。」（同二七〇—二七三）

すなわち

八　ふつうの人間は、人為的*なさまざまな価値を重大なものと信じこんで執着することによって、生命の集中力を保っている。このような「人のすること」は、〈トナール〉の個体性を防禦している楯である。

＊「人のすること」what people do, the things people do のもとのスペイン語 que se hacen, las cosas que se hacen には「人のつくるもの」という意味もあり、日常的な生活の関心事ばかりではなく、財産や権力、名声や栄誉、学問や芸術、信仰や理想、これらすべてをふくむことができる。

九　しかし〈ナワール〉の力を獲得する戦士には、もはやそのような自己欺瞞はできない(「古い楯はもう危くて使えん」)。それは戦士が、この「世界」をカッコに入れる〈明晰さ〉と超越性を身につけてしまったからである。

十　そこで戦士の使うのが新しい楯、すなわち〈世界をつくる項目を選びぬくこと〉である。それをドン・ファンはべつのところで〈コントロールされた愚かさ〉とよんでいる、この第Ⅲの局面の主題に他ならない。

意志を意志する

〈コントロールされた愚かさ〉という奇妙な表現が主題として登場するのは、たとえばこういう文脈の中だ。

「知者には名誉も尊厳も家族も名前も故郷もないのだ。あるのは生きるべき生活だけだ。こういう中で彼を仲間たちとむすびつけている唯一のきずなが、〈コントロールされた愚かさ〉なのだ。こうして知者は努力し、汗を流し、息をきらす。だから彼を見てもふつうの人間とおなじようにみえる。ただその生活の愚かさがコントロールされているということを除けばだ。なにごとも他のことよりも重要なものなどありはせんのに、知者は行動を選び、それが重要であるかのごとくに行動しきるのだ。彼の〈コントロールされた愚かさ〉は、彼に自分のやることには意味があると言わせるし、じっさいそうであるかのように行動させる。けれども彼は、ほんとうはそうでないことを知っているんだ。だから彼が自分の行動をやりおえると心しずかに引きこもるし、その行動が善だったか悪だったかとか、うまくいったかいかなかったかなどということには、まったく何の関心も示さないのだ。」〔同一〇九―一一〇〕

このように〈コントロールされた愚かさ〉とは、明識によって媒介された愚かさ、明晰な愚行、自由な愛着、対自化された執着である。

さきにみたように「意志」という語は、惰性から身を解き放つ超越を示すとともに、またあるものに執着し追求してゆく内在を示してもいる。〈コントロールされた愚かさ〉は、このような意志の二つの側面、解脱と愛着、detachment と attachment, degagement と engagement の関係そのものをコントロールする能力であり、したがってそれ自体のうちにひとつの回帰する構造をはらむ。それはいわば〈意志を意志する〉ということであり、目的自体の自己決定性、自己の欲求の主体であることに他ならない。

「解脱した人間は、死を逃れるすべのないことを知っておる。彼はただ一つのものしか、自分を支えるものをもたない。それは彼の決定の力だ。彼はいわば、自分の選択の主人でなければならん。彼は選択が自分の責任だということを知りぬいておる。だからいったん選択をしたら、後悔したり自分を責めたりしているひまはないのだ。彼の選択は最終的だ。それはただ彼自身の死が、何かにしがみついているひまを与えないからだ。」

「戦士はこのように、死すべきものとしての自覚と、解脱と、自己の決定の力とをもって、彼の人生を戦略的に構想し設定するのだ。」（同一八九）

舞い下りる翼

第II局面の主題であった〈世界を止める〉とは逆に、〈コントロールされた愚かさ〉

とは「世界をつくる」（項目を選ぶ）ことに他ならない。「世界を止める」ということが未だ、消極的な意味での主体性の獲得にすぎないのにたいし、〈意志を意志する〉というこの局面の主題とは、積極的な主体性の確立である。

局面IIにおいて「世界」の地平を超えて舞い上る翼を獲得した知者が、ふたたび「世界」の地平へと舞い下りる翼にそれは他ならない。それは翼を失って落下することとはちがう。上昇と下降を自由にコントロールする力なのだ。

風の吹く場所

局面Iと局面IIとは、いわば〈トナール〉の自閉性からの解放と〈ナワール〉への飛翔であった。けれどもドン・ファンにとって最終的な課題は、〈トナールからナワールへ〉ということではなく、「自己自身の全体性《トータリティ》に到達すること」であった。〔TP, p. 11〕そして「自己自身の全体性」とは、なによりもまず、共に自己自身である〈トナール〉と〈ナワール〉を充全に活かすことである。第I章第二図にみるように、〈意志〉とはこの〈トナール〉と〈ナワール〉を媒介するものに他ならない。論理的な内容自体は本章ですでにのべてきたことのくりかえしになるが、ドン・ファンがそれをどのようなイメージをもって表象しているかをみよう。

「戦士の〈トナール〉がちぢむときには、風にさらされているんだ。窓をすぐさましっかりとしめねばならん。でないと彼は吹きさらわれてしまう。〈トナール〉の眼の扉の外では、風が吹きまくっているんだ。ほんものの風のことだぞ。比喩なんかじゃない。人の生命を吹きさらうこともできる風だ。じっさいそいつは、地上のあらゆる生命に吹きつける風だ。何年かまえに、わしはおまえにその風の話をしたな。おまえは冗談と思っておったが。」〔TP, p. 173〕

「戦士は〈意志〉というただ一本の繊維を命綱として、〈ナワール〉の大海に身を沈めるのだ。」〔TP, p. 175〕

知者が「世界」を超えて舞い上り、ふたたび「世界」に舞い下りるとき、それはもちろん、以前とおなじところに舞い下りるわけではない。もしそれならば彼の飛翔は、たんに観念のなかでの超越にとどまるだろう。彼は世界をつくるのだ。それもただたんに、あたらしい言葉によって、あたらしい視覚によってばかりではなく、あたらしい行動によって、あたらしい生き方によってつくる。

では彼は、どのような場所に舞い下りるのか？　どのように世界をつくるのか？

Ⅳ 「心のある道」——〈意味への疎外〉からの解放

回収されない四十年

ドン・ファンにとって生活のすべてが〈コントロールされた愚かさ〉だという話をきいて、カスタネダはひどくさびしく、空虚な気分になる。そんなことで「どうして生活をつづけてゆけるのか」わからなくなる。そして彼の知っているある老人の話をする。「その老人は大変な富豪で、保守的な弁護士であり、自分は真実を支持しているという確信をもって生活していた。三〇年代初頭、ニューディール政策の出現とともに彼は自分が当時の政治劇にはげしくまきこまれていることに気づいた。彼はその変化が国にとって有害であると絶対的な確信をもち、自分の生き方への愛着と自分は正しいとの信念から、政治的な悪と考えるものとは徹底的に戦うことを誓った。しかし時の流れにはかなわなかった。彼は十年もの間政治の舞台や個人的な生活のなかでそれと争ったが、第二次世界大戦が彼の努力を完全に挫折させてしまったのである。彼の政治的・イデオロギー的転落は深い苦痛をもたらした。彼は二十五年間自ら放浪者となった。わたしが会ったときは八十四歳になっており、その後の短い生涯を家庭で過ごすために故郷に帰って来たのであった。彼が苦悩と己れへの憐みのうちに費した生活を思うと、それほど長く生きてきたということがとても信じられなかった。やっと彼は私と一緒にいることにくつろぎを見出したので、私たちはよく長いあいだ話し合ったものだ。最後に彼に会ったとき、彼はつぎのようなことばで会話をしめくくった。『わたしはふりかえって自分の生活を顧る時間をもった。わたしの時代のできごとは今ではただの語りぐさにすぎない。しかも面白い話でもない。きっとわたしは生涯の何年かをありもしないものを追うのにむだ使いしたのだろう。後になってわたしは何か茶番めいたことを信じこんでいたと思うようになった。それは少しも価値がなかったのだ。今ではそのことがわかっているつもりだ。だが失った四十年は埋めあわせができない。』」(「現実」一一一―一一二)

「人が知者になったら、彼はいやおうなしにぼくの友人とおなじように空虚になって、ちっともよくないと思うんじゃないか。」

「それはちがう」とドン・ファンがきっぱりという。「おまえの友人は見ることなしに死んでゆくからこそ孤独なんだ。その男は自分の一生でただ年をとってきただけだ。」

（同一一二）

*

老弁護士の四十年はなぜむなしいのか？　ドン・ファンの生き方はどうちがうのか？

芭蕉は松島をめざして旅立つ。「奥の細道」の数々の名句をのこした四十日余の旅ののち松島に着く。しかし松島では一句をも残していない。「窓をひらき二階をつくりて、風雲の中に旅寐する」一夜を明かすのみで、翌日はもう石巻に発っている。松島はただ芭蕉の旅に方向を与えただけだ。芭蕉の旅の意味は「目的地」に外在するのではなく、奥の細道そのものに内在していた。松島がもしうつくしくなかったとしても、あるいは松島にたどりつくまえに病にたおれたとしても、芭蕉は残念に思うだろうが、それまでの旅を空虚だったとは思わないだろう。旅はそれ自体として充実していたからだ。

古池やかはづとびこむ水の音

という芭蕉の別の折の句は、このような時間の構造を空間の構造におきかえている。この俳句をたとえば英語に翻訳することはむつかしいと思う。もちろん事象それじたいとして、何ひとつ翻訳に困難はない。古い池がある。蛙がとびこんだ。水の音がする。……一体何が面白いのだ。

古池やの句がうたうのは、水の音そのものではない。蛙がとびこむ水の音がひろがりそして消えてゆく静寂の質のようなものだ。水の音という図柄はじつは、このしずけさの地の空間を開示する捨て石なのだ。

すでに引用した宮沢賢治の「岩手山」がそうであるように、存在を非在の非在として、有を無の無としてとらえる感覚の反転力をこの一句は前提している。ドン・ファンがあの、熔岩質の山肌に照り返す無数の光のせめぎあい充満する峡谷《キャニヨン》に立ってカスタネダに見せようとしたのも、世界のこのようなあり方だった。

けれども図と地を反転する感覚そのものはいまだ、「世界を止める」という主題の系にすぎない。ここでの問題はこのような反転をとおして、地を地として輝きにあふれたものとする感覚だ。

　ニューヨークにいるカメラマンのH・S氏は、七階にいる友人のアパートを登る階段の、壁のたくさんのしみの形をひとつひとつおぼえている。彼がその友人の家でLSDをやってタバコを買いにゆく話は面白い。タバコはアパートのはす向いの自動販売機にある。夜中の三時ごろそれを買いに出て、戻ってくるとすっかり夜が明けているのだ。周知のようにLSDは意識をくもらせるのでなく、かえって鮮明にする。階段をおりる途中でそのしみのひとつひとつの輪郭がはっきりとみえ、そのおもしろさが彼を誘い込んで立ち止まらせる。門の外に出ると、夜明け前の街路の上を白い紙屑が風に音もなく滑走している。その光景にまた息をのんでたたずむというふうだ。

　目にふれるひとつひとつのものがおどろきであるこのような感覚を、だれもが一度はもっていたはずだ。小石の影のかたちとか自分の捨てたキャラメルの半透明の紙のゆくえに目を奪われて、子どもは豊饒な物語を展開しながら、親にぐいと手を引かれるまで動けなくなってしまう。満天にちらばる星にくっきりと構造化された星座をみる太古の人びとの構成力、幻想力も、これと同質のものだろう。

　LSDなどの薬品は、われわれの「世界」の貧血症にたいする対症療法でしかないだろう。そして対症療法によらず「世界」の体質そのものを更新することは、感覚の水準のみにとどまらず、「すること」の水準における「世界」のあり方を、実践的に変革することなしにはありえないだろう。

タバコを買うことに四時間もかけるということは、市民的能率の常識《コモン・センス》からはバカげてみえるだろう。買い物にゆく時間の意味がタバコに向って収斂され外在化されているのが近代の「世界」だからだ。そこでは東北新幹線などで松島に早く到達すればいいので、四十日間も歩いてそこにいく「奥の細道」の全道程は、老弁護士の四十年間と同様に空虚だからだ。

*

「その男は自分の一生で見ることもなく、ただ年をとってきただけだ。」ドン・ファンはいう。「今彼はこれまでにもまして自分を憐んでおるだろう。彼は勝利にひきつづく敗北ばかりをみてきたから、四十年をむだにしたと感じておるんだ。勝利することも敗北することも同じだってことが彼にはけっしてわかるまいよ。」

「おまえの友人にとっては努力が敗北に終ったからそれには価値がないのだろう。わしにとっては勝利もないし敗北もない、空虚さもない。すべてのものがあふれんばかりに充実しておる。」〔「現実」一一二―一一三〕

ドン・ファンはこういって木のスプーンでナベをかきまわす。料理ができあがる。

「彼はわたしに坐れと合図してスープをよそった。彼はニコニコしていた。その目はわたしがいることを本当に楽しんでいるように輝いていた。ボールをそっとわたしの方に押した。彼のしぐさにはとても温かさとやさしさがあったので、わたしの彼への信頼感をとりもどそうとしているかのようにも思えた。バカげていると思った。そのムードをこわすためにスプーンをさがしたがみつからなかった。スープはあつくて、おわんから直接飲むことはとてもできなかった。それをさましている間に、コントロールされた愚かさというのは、知者は誰をも決して好きにならないということなのかと、きいてみた。『おまえは人を好いたり人に好かれたりすることに気をつかいすぎるぞ。知者は好きになる。それだけだ。』」〔同一一三―一一四〕

幽霊たちの道

ドン・ヘナロが彼の盟友とはじめて出会った時の話をする。

盟友と格闘しながらくるくる回って、なにも見えなくなってしまう。長い時間ののち、また地面に立っているような気がする。自分の身体は分解していない。盟友は彼を殺しはしなかった。ついに盟友を手に入れたのだ。あたりを見まわすと、周囲は見覚えのない風景だ。盟友に宙を運ばれて、ずっと離れた知らない土地に連れて来られたのにちがいない。すぐに小道をみつけると、何人かの男女がやってくる。イクストランの家に帰る道をきくと、ヘナロが歩いて来たのとは反対の方角を教えてくれる。しかし彼らは現実の人間ではなかったのだ。しばらく歩いていると、ロバをひいた二人の男と出会う。方角をきいてしばらくいっしょに歩いていくが、そのうちに彼らも幽霊だということがわかる。それから八人の人に出会うが、すべて幽霊だ。夕方になって見覚えのある谷につき、小さなインディオの男の子と会う。その子供といろいろなことを話すが、悲しいことに、その子まで幽霊だったのだ。(「旅」三四九—三五三)

カスタネダは、どうして幽霊だということがわかるのかときく。

「ヘナロがイクストランへの途中で見つけた連中は、みんなはかない存在にすぎなかったのさ。」ドン・ファンが説明する。「たとえばおまえだ。おまえは幽霊なのさ。」(同三五四—三五五)

＊

カスタネダはなぜ幽霊なのか？　ドン・ヘナロが出会った人びとはなぜ幽霊なのか？　それは魂がここにないからだ。彼らの魂はどこにあるのか？　道のかなたに、「目的地」にある。彼らは道を通ってはいるが、その道を歩いてはいない。

ドン・ファンは歩きながら話をすることをきらう。カスタネダが話しかけると、いったん立止まり、話をおわってからまた歩きだす。ドン・ファンにとって歩くということが、それ自体として充実しきっているからだろう。

行動の「意味」がその行動の結果へと外化してたてられるとき、それは行動そのものを意味深いものとするための媒介として把握され、意味がふたたび行動に内化するのでないかぎり、行動それ自体はその意味を疎外された空虚なものとなる。生きることの「意味」がその何らかの「成果」へと外化してたてられるとき、この生活の「目標」は生そのものを豊饒化するための媒介として把握され、意味がふたたび生きることに内在化するのでないかぎり、生それ自体はその意味を疎外された空虚なものとなる。老弁護士の回収不可能な四十年のように彼らの生活はそれ自体のうちに存在感をもたない。幽霊とは、今、ここに生きていないものだ。

以前にもふれたことだが、*南方で死刑の判決をうけたB・C級戦犯の手記などをみると、収容所を引出されて判決の場所に向う途上ではまったく目に入らなかった道や小川が、判決の帰途にはかぎりなく美しく、なつかしいものとして見えてくるというような記述に、しばしばぶつかる。不可避のものとしての死への認識が、いったんは意味論的な回路を獲得した精神の、「未来」への意味の疎外をとつぜんに遮断するので、現在のかけがえなさへと逆流した意味の感覚が、世界を輝きで充たすのだ。

＊「交響するコミューン」、本書所収。

いうまでもなく真に明晰な意識にとっては、われわれすべては死刑囚であり、人類の総体もまた死刑囚である。

人間の日常的な「明晰さ」は自己自身の死と、とりわけ人類の死を意識から排除するという、自己欺瞞の砂上に構築されている。存在するものにたいするわれわれの感覚の拡大は、べつに意識を透明化する特殊な薬剤をもちいなくとも、この自己欺瞞をつきくずす明晰さのみをとおしても獲得しうるはずだ。それは生きることの意味をその場で内在化することなしに、将来する「結果」に向って順送りしていくかぎり年月はむなしいということを、簡明にみせてくれるからだ。

しかしそのとき、自己と世界とが永遠で絶対的なものだと信じこんでいたころの、天動説的に素朴な現実性の感覚はもはや永久に回収できない。たとえその一歩手前までたどりつくことができるとしても。

*

ドン・ヘナロのイクストランへの旅のはなしの、つづきをカスタネダはたずねる。

「それからどうなったんだい、ドン・ヘナロ？」

「歩きつづけたさ。」

もちろん、というように彼が答える。彼の話は終わったらしく、言いたしたいこともないようだった。

「それで、最後にはどうなったんだい、ドン・ヘナロ？」

「最後だと？」

「つまり、いつ、どうやってイクストランへ着いたのかってことさ。」

二人は、すぐに大笑いをはじめる。

「そうか、それがおまえにとっての〈結果〉というやつか。」ドン・ファンが言う。「それじゃ、こう言おう。ヘナロの旅には最後の結果なんてものはなかったんだよ。これからもないだろうよ。ヘナロは今だってイクストランへの途中なんだ！」

「おれはイクストランにはたどりつくまいよ。」ドン・ヘナロが言う。その声はきっぱりしているが、やわらかく、ささやきに近い。

「だがおれの感じ……おれの感じでは、いつか、たどりつく一歩手前までは行けると思うんだ。」

ドン・ファンは、盟友と会い、そのショックに耐えぬいた人間は、自分が未知の土地に生きていることに気づくのだと言って、いつかカスタネダが読んできかせたファン・ラモン・ヒメネスの詩のうちのひとつを、もういちど言ってみてくれという。それは「決定的な旅」(El Viaje Definitivo) という詩だ。

……そしてわたしは発つだろう。鳥はうたって残るだろう。
わたしの庭は　緑の木　井戸といっしょに残るだろう。
いくつものいくつもの午後　空は青く　穏やかだろう、

そして鐘楼の鐘は鳴るだろう、
今　この午後　鳴っているように。
　わたしを愛してくれた人びとは去るだろう、
そして　町は年ごとに　新しく燃えたつだろう。
しかし　わたしの精神は　花に飾られた庭の　秘められたその同じ隅で
なつかしく　さまよいつづけるだろう。

ヘナロはため息をつき、その詩の一行目を言い替える。「おれは発った。そして　鳥はうたって残った。」
苦悩の波がカスタネダをおそう。〔「旅」三五四―三五九〕

〈意味への疎外〉からの解放

精神が自己欺瞞をすて自分の死を明視するとき、もはやふつうの人間がそれに身をかくす「古い楯」は、危くて使えなくなる。なぜならばこの古い楯は、「人のすること」とそのつくりだす「世界」が永遠で絶対的なものだという自己欺瞞こそを、それじしんの防禦の力にしているからであり、戦士や知者の明晰な精神をおそう死の恐怖には何の力ももたないからだ。戦士の使う新しい楯が〈コントロールされた愚かさ〉、つまりみずからの意志を意志することであることをわれわれはすでに知っている。けれどもそれはなお形式であって、どのような意志を意志するべきかは教えない。

このような意志を意志する基準、いいかえれば〈世界をつくる項目をえらぶ〉一般的な基準を、ドン・ファンは〈心のある道〉とよぶ。この章でみてきた二つの挿話で、老弁護士とドン・ファンの生を区別し、幽霊たちと「現実的な人間」を区別するのは、この〈心のある道〉ということだ。

〈力〉がたたいて自分に裂け目を開いた時に「衝撃から気をとり戻して裂け目を閉じ、自分を固まらせるために意識的に使える物ごとを、選びぬいておかねばならん」ということばにつづけて、ドン・ファンはこのように言う。

「何年かまえに戦士は毎日の生活のなかで心のある道を行くってことを話したろう。戦士をふつうの人間と区別するのは、いつも心のある道を選んでいるということだ。そいつが道と一体になるとき、つまりその道のりを歩みながら大いなる平和とよろこびを体験するとき、その道には心のあることがわかるんだ。戦士が自分の楯をつくるために選

び出す事物とは、心のある道の項目のことなのさ。」〔「現実」二七〇―二七一〕

「何年かまえに」とドン・ファンがいうように、このシリーズの最初の本の扉のことばは、〈心のある道〉についてだった。

――わしにとっては、心のある道を歩くことだけだ。どんな道にせよ、心のある道をな。そういう道をわしは旅する。その道のりのすべてを歩みつくすことだけが、*ただひとつの価値のある証しなのだよ。その道を息もつがずに、目を見ひらいてわしは旅する。

〔「教え」扉〕

* atravesar todo su largo（英訳 to traverse its full length）は、直訳すれば「その道の長さいっぱいを」歩くことといったニュアンスで、邦訳書のように「その端までたどりつくのが」唯一価値あることといっても同じことのようにみえるが、〈心のある道〉の思想的な内容からいえば、この訳では正反対のものになってしまう。「端までたどりつくこと」つまり松島に到着することに価値があるとするのが、まさしくかの老弁護士の人生であったのであり、〈心のある道〉には長さはあっても「端」は問題でないのだ。真崎氏のようなすぐれた感覚と語感をもった訳者でさえ、「道のりのすべてを歩みつくすこと」イコール「端までたどりつくこと」という「意訳の自明性」に足をすくわれてしまうほどまでに、われわれの「世界」のま

ずしさは深い。

すでに引用したように（序章）ドン・ファンはべつのところで、このことを説明してつぎのようにいう。「知者は行動を考えることによって生きるのでもなく、行動をおえた時考えるだろうことを考えることによって生きるのでもなく、行動そのものによって生きるのだ。知者は心のある道を選び、それにしたがう。そこで彼は無心に眺めたりよろこんだり笑ったりもするし、また見たり知ったりもする。彼は自分の人生がすぐに終ってしまうことを知っているし、自分が他のみんなと同様にどこへも行かないことを知っている。」〔「現実」一〇九〕

それはドン・ファンが生活をその「意味」へと疎外しないということだ。「おまえは生活の意味をさがそうとする。戦士は意味などを問題にしない。」〔「現実」二二六〕「生活はそれ自体として充全だ。みちたりていて、説明など必要とせん。」〔TP, p. 56〕彼にとって「成功も敗北も空虚さもない」のは、これらのカテゴリーがすべて、意味へと疎外された行動にとってのカテゴリーだからだ。老弁護士は敗北したのでその生活の空虚さをおおうすべもなかった。それは彼の年月が意味へと疎外されていたばかりではなく、意味からも疎外されてしまったからだ。しかしもし彼が成功していても、その年月の空虚さは、外的な意味の蓄積（地位や栄光）によっておおわれているだけで、生それじたいに充実があったわけではない。

ドン・ファンが知者の生活を「あふれんばかりに充実している」というとき、それは生活に「意味がある」からではない。生活が意味へと疎外されていないからだ。つまり生活が、外的な「意味」による支えを必要としないだけの、内的な密度をもっているからだ。

われわれはひとわたり旋回したあとで、ようやくあのナヴァホ族の讃歌の世界にもういちど舞戻ってくる。

美がまえにある
美がうしろにある
美が上を舞う
美が下を舞う
私はそれにかこまれている
私はそれにひたされている

若い日の私はそれを知る
そして老いた日に
しずかに私は歩くだろう
このうつくしい道のゆくまま

ドン・ファンが知者への道の第四の敵としてあげるのは「老い」であった。あの富豪の弁護士の老年を対照におくと、〈心のある道〉がどのようにこの最後の敵を克服するかはあきらかであろう。幽霊でなく道のり自体が現実である人間にとって、老いること、やがて死ぬことはひとつの寂寥ではあるが、生を空虚にするものではない。

四つの敵・四つの戦い

カスタネダと出会ったごくはじめのころに、ドン・ファンが知者への道の四つの敵としてあげたのは、「恐怖」、「明晰」、「力」、「老い」であった。

この四つのもののあげ方は最初われわれに、恣意的であまり根拠のないものという印象を与える。人間の「敵」は数多くあるであろうに、ドン・ファンはなぜこれら四つの敵だけを、この順序であげてくるのか。

またこの四つのうち、「恐怖」と「老い」とはわれわれにとってあたりまえのもの、敵たることが「自明のもの」にみえる。これに反して「明晰」と「力」とは、われわれにとって当初は、敵としてかぞえることが「奇妙なこと」として感じられる。

それは「恐怖」と「老い」のふたつが、われわれにとって「反能力」(disability)として意識されるのにたいし、「明晰」と「力」のふたつは「能力」(ability)として意識されるからだ。*

* このような感受のされ方はじつは、反転してわれわれ自身の社会の、能力主義的な性格を明るみにだす。たとえばニュー・メキシコのズニ族においては、「権力《パワー》や知識を渇望し、かれらが軽蔑をこめていうように、〈民族の指導者〉たることを欲するような人間は非難しかうけない。」「かけ足のような技術を競争するときでさえ、いつも勝つような人は、競争から除かれる。傑出した走者はゲームをつまらなくする。」(Ruth Benedict, *Patterns of Culture*, 1934. 米山俊直訳『文化の型』社会思想社、一九七三年、一五一―一五二ページ)

また「恐れを知るもの」や「老いたもの」が正の価値であるような社会は多い。

つぎにドン・ファンの思想に内在してみると、拡散――凝固というその生と死の基本的なイメージを軸に、最初の二つ、「恐怖」と「明晰」は、われわれを凝固させてしまうものであり、あとの二つ、「力」と「老い」とは、われわれを拡散させてしまうものである。これまでにこれらの観念についてふれたところから知られるように、「恐怖」と「明晰」は、われわれの生を〈トナール〉の地平のうちに固着してしまう敵であり、「力」と「老い」とは、われわれの生を〈ナワール〉の気圏のうちに解体してしまう敵である。

このように四つの敵についての、二つの二分法は交叉している。(第三図)

われわれが今終えてきた旋回の中でひとつひとつみてきたように、この四つの「敵」の配置は、この論文のはじめに設定した主題の四つの象限と対応している。*

＊ 三九ページ、第一図。

すなわち

I われわれの人間世界の彼岸に旅立とうとするときに出会う、最初の敵が「恐怖」である。カスタネダははじめこの敵に敗れて、数年間ロス・アンゼルスに帰ってしまった。〔「教え」二二三—二二四〕

II つぎに「世界を止める」とは、第二の敵「明晰」の罠からの自己解放による、主体

第3図 「四つの敵」の布置

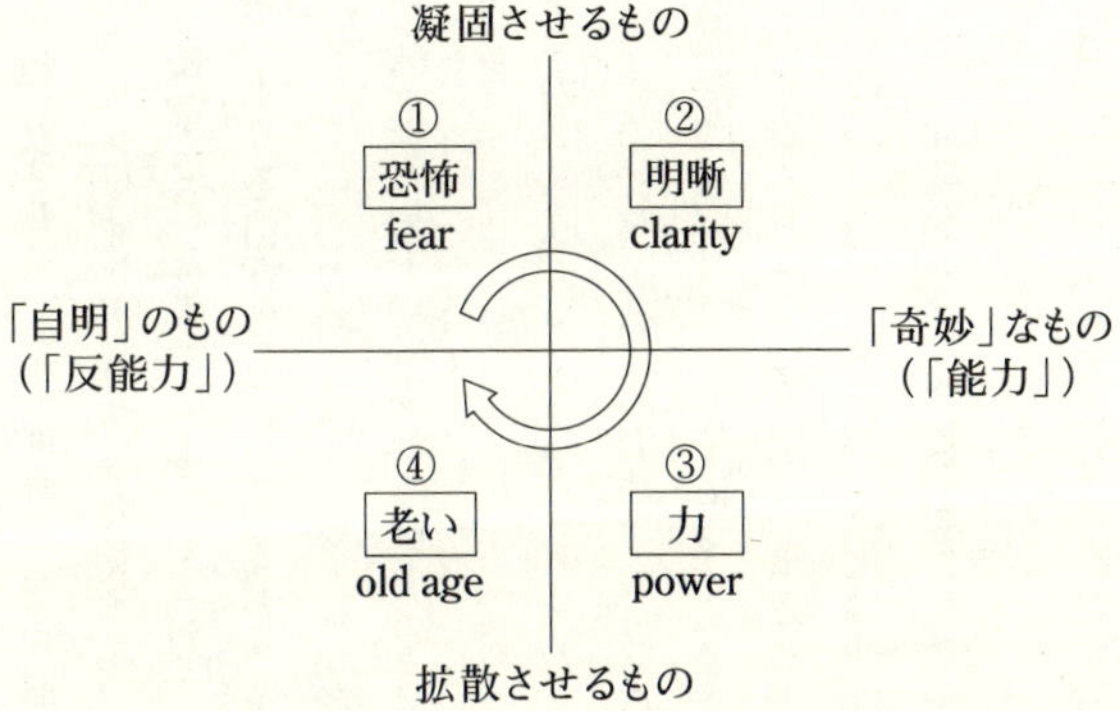

性の獲得に他ならなかった。

Ⅲ 「世界を止める」ことをとおして獲得された「力」による自己解体の危機に拮抗する楯が、「統禦された愚」による「世界」への再・内在化の方法であった。

Ⅳ そしてこのような超越と主体化を経て、ふたたび〈世界〉へと融即してゆく「心のある道」だけが、「老い」を克服することができる。ドン・ファンはこれらの敵を、いつも絶滅させるのではなく、のりこなして自分のものにしてゆく。

Ⅰ 「カラスの予言」する世界を知るものは人間世界の彼岸への「恐怖」を克服すると同時に、うずらや灌木、草花すべてへの〈畏れ〉を獲得する。

II 「世界を止め」て「明晰」を克服したものは、はじめて諸「世界」をみとおすことのできる〈明晰〉な視界を獲得する。
III 「統禦された愚」によって「力」をのりこなすもののみが、はじめて舞い上り、かつ舞い下りる自在性としての〈力〉を自己のものとする。
IV そして「心のある道」による「老い」の克服とは、若年にもどることではなくて、「美しい道をしずかに歩む」真実の〈老い〉であるにちがいない。

「多くのアメリカ・インディアンの文化においては、その社会の一員は、かならずいちどは、その社会の外へ出なくてはならないことになっている——人間の網の目の外へ、『自分の頭』の外へ、一生にすくなくとも一度は。彼がこの幻をもとめる孤独な旅からかえってくるとき、秘密の名まえと守護してくれる動物の霊と、秘密の歌をもっている。それが彼の『力』なのだ。文化は他界をおとずれてきたこの男に名誉をあたえる。」*

* Gary Snyder, *Earth House Hold*, 1957. 片桐ユズル訳『地球の家を保つには』社会思想社、一九七五年、一九〇ページ。

自分の〈トナール〉を発とうとするとき、彼が出会う最初の敵は、もちろん未知の世界の「恐怖」だ。この「恐怖」を克服したとき、彼は「明晰」を獲得しておそろしいものがなくなる。しかし「明晰」に自足するかぎり、彼はたしかによその土地まで来ているかもしれないけれども、ほんとうに旅立ってはいない。彼は水平に移動しただけだ。「明晰」を克服するときにはじめて彼は舞い上り、旅の目的〈ナワール〉の力を獲得する。諸世界を鳥瞰する視界をえた彼は、かつての「明晰」が「目の前の一点にしかすぎない」ことを知る。けれども「力」に身を任せるかぎり、彼は地上に戻ってくることができない。「力」の浮力とわたりあうための垂鉛が〈トナール〉であることを知って、彼は帰りの途につく。「力」の浮力を克服しこれを自由にあやつれるとき、彼は完璧な〈意志〉を身につけたといえる。彼の敵はもはやみずからの「老い」以外にはない。地上のあらゆる生命に吹きつける死の解体する風力をみちづれとして、彼は心のある道を歩く。

けれども彼が自分の〈トナール〉に戻ってきたとき、それは昔の〈トナール〉でないことに気付く。幼虫の世界と蝶の世界がおなじ世界ではありえぬように、彼は永久にふるさとにはかえらないのだ。

「人間は学ぶように運命づけられておるのさ。」ドン・ファンが言う。

結　根をもつことと翼をもつこと

あるときカスタネダは、それまでにも幾度かそうであったように、結局のところドン・ファンの歩む道が、自分には険しすぎるということを悟る。アメリカとの国境の町のメインストリートのレストランで食事をしながら、「わたしはインディオではないから、呪術師の異常な生活をする資格は本当にないのだ」と思いきって言ってみる。「もしあらゆる拘束から解放されれば、もう少しはあんたの世界でうまくやっていけるんだけどね。それか、もしあんたと荒野へ行ってそこで暮らせばね。」〔『旅』二九一〕

人間の根源的な二つの欲求は、翼をもつことの欲求と、根をもつことの欲求だ。ドン・ファンの生き方がわれわれを魅了するのは、みてきたように、それがすばらしい翼を与えてくれるからだ。しかし同時にドン・ファンの生き方がわれわれを不安にするのは、それが自分の根を断ってしまうように思われるからだ。「履歴を消しちまうことがベストだ。……そうすれば他人のわずらわしい考えから自由になれるからな。」とドン・ファンがいうとき、それはたしかに人間にすばらしい自由を与えてくれるだろう。しかしそのかわり、それは人間の存在のたしかさのようなものを奪ってしまうのではないか？

「だれが、なぜそんな望みをもつの？」カスタネダは叫んでしまう。

彼は自分の履歴にかなりの愛着を感じていたのだ。彼の家系の源は深かった。「それなしでは、わたしの人生の連続性も目的もなくなってしまう。」カスタネダは心からそう感じていた。

ドン・ファンはわれわれを〈まなざしの地獄〉としての社会性の呪縛から解放する。しかし同時に、それはわれわれの共同性からの疎外ではないだろうか？　執着するもののない生活とは、自由だがさびしいものではないのか？

このシリーズの最後のところで、師と別れて旅立ってゆくカスタネダとパブリート（ドン・ヘナロの弟子）にたいして、ドン・ファンとドン・ヘナロとが与えた最後のレッスンは、〈根をもつことと翼をもつこと〉という、このわれわれの最後の問いへの回答であった。

ドン・ヘナロはカスタネダがかつて、戦士の生活はつめたくさびしく、情感に欠けるようだと言っていたことを思いおこさせる。

「戦士の生活はつめたくもさびしくも、情感に欠けるものでもありえないのさ。」と彼がいう。「それは戦士の愛するものへの、情愛と献身にもとづいているのだからな。ところでだれがその戦士の愛するものかと、おまえはきくかもしれないな。今からそれをみせてやろう。」

ドン・ヘナロは立ちあがって少しはなれた平たい場所にゆく。彼はふしぎな身ぶりをはじめる。自分の胸と腹とからほこりをはらうように両手をうごかす。奇妙なことがおこる。ほとんど目にみえないほどの光が彼のからだをつらぬく。その光は大地から来て彼の全身をともしているようだ。

「ヘナロの愛は〈世界〉なのさ。」ドン・ファンがはっきりという。「大地はヘナロの愛を知っていて、彼をいつくしんでいるのさ。だからヘナロの生活はあふれんばかりに充実していて、どこにいようとゆたかでいるのさ。ヘナロは自分の愛するものの道を旅してゆくのだから、どこまでいっても完全なのさ。」

「これが二人の戦士の執着だ。この大地、この世界。戦士にとってこれ以上に大きな愛はないのさ。」〔TP, pp. 280 f.〕

からだは溶けて宇宙となる
宇宙は溶けて音のない声となる
声は溶けていちめんの輝きとなる
そして輝きはかぎりない歓喜の胸に抱かれる
　　　　　　　　――パラマハンサ　ヨガナンダ*

* C・サンタナ『転生のキャラバンの宿で』(Caravanserai, SOPN 38) ジャケットから。(Eternal Caravan of Reincarnation は、既邦訳のように「復活した永遠のキャラバン」ではなく、「転生の永遠のキャラバン」である。今生の生はわれわれのたどるこの永劫のキャラバンの一夜の宿《サライ》だ。)

〈根をもつことと翼をもつこと〉をひとつのものとする道はある。それは全世界をふるさとすることだ。

われわれにとって真にゆるぎない根の根とはなにか。家族、郷村、民族、人類、これらのものにわれわれは「根」をもとめている。しかしこれらのはかない存在の支えあってつくる「世界」がゆるぎない「大地」であるのは、われわれの日常意識の「明晰さ」にとってだけだ。ボーヴォワールの円天井は、*ヘレニズムからデカルトを経てサルトルに至る人間主義の全哲学の虚無を誠実に総括している。

＊「わたくしの自由性は、円天井の、といっても、どんな柱にも支えられていることのない円天井の石みたいに、たがいに支え合っているのです。人類は一つの空虚の中に丸ごと吊りさがっています。」（青柳瑞穂訳「ピリュウスとシネアス」ボーヴォワール著作集2『人生について』人文書院、一九六八年、九二ページ）

人間主義的な合理主義の精神が明晰であればあるほど、それみずからの影として分泌してしまうこのむなしさの感覚は、いわば天上にその支えを求めることでひとつの「解決」をみることもできる。永遠なる実在としての〈神〉とはまさしく、合理主義的な「純粋理性」がみずからの外に射影する「実践理性」の要請である。円天井は吊天井となる。けれどもこの吊天井を支えているのは、またしても信仰の共同性という、もうひとつの円天井なのだ。キリスト教的な一神教の教徒がとりわけ異端や背教者をにくむのは、この円天井の一枚の石がはずれることが自己の存在をおびやかすからだ。この支えあう実践的価値の循環論法は、無神論者ボーヴォワールの虚無の構造とおなじだ。実存主義者の円天井は、ユダヤ・キリスト教的世界の即自的な円天井を明晰に対自化してみせただけなのだから。

そしてこのような円天井に、即自的にか対自的にか、みずからの生を根づかせようとするかぎり、〈根をもつことと翼をもつこと〉は二律背反する。なぜならばその人生の「根」とはまさしく、この支え合う円天井への忠誠を担保として保証されているものだから。*

＊「つまり、もしわたくしが他の人たちを超越すれば、その人たちはわたくしのために何ひとつなし得ないのです。彼らによって認められるためには、まず、わたくしが彼らを認めなければなりません。」（ボーヴォワール、前掲訳書、九一―九二ページ）まことに「実存主義は人間主義《ヒューマニズム》である」。もうひとつの弁神論でないかぎりは。

われわれの根を存在の中の部分的なもの、局限的なものの中におろそうとするかぎり、根をもつことと翼をもつことは必ずどこかで矛盾する。その局限されたもの――共同体や市民社会や人類――を超えて魂が飛翔することは、「根こぎ」の孤独と不安とにわれわれをさらすだろうから。「おまえを支えてくれている存在へのゆるぎない愛がないとき、ひとりでいることは孤独なのだ。」〔TP, p. 283〕

しかしもしこの存在それ自体という、最もたしかな実在の大地にわれわれが根をおろすならば、根をもつことと翼をもつことは矛盾しない。翼をもってゆくいたるところにまだ見ぬふるさとはあるのだから。円天井は天上からでなく、大地によって支えられなければならない。

アメリカ原住民たちは白人が彼らを奪い、彼らを捕え、彼らを虐殺したことよりも以上に、白人による自然の破壊にたいして許すことのないいきどおりを抱いたという。[*] それはキリスト教文明の人びとにとっての「神」よりもいっそう深い意味で、彼らの生と死とを支える大地だったのだ。その解体は彼らの生を奪うだけでなく、その死をも奪ってしまった。

＊ D・ブラウン、鈴木主税訳『わが魂を聖地に埋めよ――アメリカ・インディアン闘争史』草思社、一九七二年。

＊

カスタネダはメキシコ北部の荒野の中で、南へ限りなくのびる土地の広がりを視界にもった丘の頂上に、自分の場所をもつことになる。

「これをみんな記憶に焼きつけておくんだぞ。」ドン・ファンが耳元でささやく。「この場所はおまえのものだ。今朝、おまえは見た、それがまえぶれなんだ。おまえが見て、この場所をみつけたんだぞ。この丘の頂上はおまえの場所だ。この、おまえのまわりにあるものはみんな、おまえの保護のもとにあるんだ。おまえはここにあるすべてのものの世話をしなけりゃいかん、そうすれば、それがお返しにおまえの世話をしてくれるだろう。」

カスタネダは笑い、自分たちのしていることは、スペイン人が彼らの王の名のもとに新世界を征服し、土地を分割した話を思い出させる、という。スペイン人たちは山に登って、ある方角に見える限りの土地の所有権を主張したのだ。

「そいつはいい考えだ。」ドン・ファンがいう。「見える限りの土地をおまえにやろう。しかも、一つの方角でなく、周囲ぜんぶをな。」

彼は立ちあがって腕をのばし、完全に一周からだをまわして周囲を指さす。

「この土地ぜんぶ、おまえのものだ。」

カスタネダは大声で笑う。

「この土地の所有者でもないのに。」

「それがどうした？　スペイン人だってもってもいないのに、分けてやっちまったろう。」

「おまえの目に見えるところまで、この土地はおまえのものだ。」彼はつづける。「使うんじゃない、覚えるんだ。だが、この丘のてっぺんは、おまえがこれから生涯使うおまえのものだ。それはおまえが自分でみつけたところだからだ。」「ここに棲むどの虫もおまえの友だちだ。おまえはそれを使うことができるし、それがおまえを使うこともできるんだ。ここがおまえの場所、自分の財産をためる場所だ。」「ここにしみこむまで、丘の頂上がおまえをひたすまで、ひとりで来にゃならん。おまえがそれでいっぱいになるときは、自分でわかるさ。」〔『旅』二一三—二一八〕

サルトルは『存在と無』第四部の所有論において、所有と所有権とを区別し、認識による世界の所有、愛撫による女体の所有、滑走による雪原の所有、登頂による風光の所日常的な所有の観念を解き放ってくれる。

それは所有の本源を問うことをとおして、有を、原型的な範例として分析している。[*]

＊　松浪信三郎訳『存在と無』第三分冊、人文書院、一九六〇年、三一九―三七二ページ。

「世界にたいする人間的な関わりはすべて、すなわち、見る、聞く、嗅ぐ、味わう、感ずる、思考する、直観する、感じとる、意欲する、活動する、愛する、こと、要するに人間の個性のすべての器官は、対象的な世界の獲得 Aneignung なのだ。」「私的な所有はわれわれをひどく愚かにし、一面的にしてしまったので、われわれが対象を所有 haben するときにはじめて、対象はわれわれのものであるというふうになっている。」マルクスはこのように書く。「だからあらゆる肉体的・精神的な感覚にかわって、そうしたあらゆる感覚の単純な疎外、所有 haben の感覚が現われてきた。[*]」

＊　K・マルクス、城塚登・田中吉六訳『経済学・哲学草稿』岩波文庫、一三六―一三七ページ。

マルクスのコミューン主義 Kommunismus とは、人間による世界の獲得の仕方のこのような疎外態としての私的所有の関係の、積極的な止揚の構想に他ならなかった。「このコミューン主義は、完成した自然主義として人間主義であり、完成した人間主義として自然主義である。それは人間と自然のあいだの、また人間と人間のあいだの抗争の真実の解決であり、実存と本質との、自由と必然との、個と類のあいだの相剋の真の解決である。」それは人間の「完全な自己還帰として」とらえられる。*

＊　同一三〇―一三一ページ。

「持つ」ということについてドン・ファンがとりわけ重視するのは、二つのことである。一つは自分の歩く道をもつこと。もう一つは自分の踊りをもつこと。自分の歩く道については、すでに「心のある道」のところでのべた。自分の踊りとは、それぞれの戦士がその一生をかけて発展させる、自分の型、自分の力の姿勢、その「生活の物語」である。〔「旅」二一九〕

＊

カスタネダがエリヒオのまわりで気流の鳴る音を聞いた翌朝、ドン・ファンはさまざまな考えにまきこまれているように、長いこと黙っていた。

「わしの計画はルシオのためだったんだが、かわりにエリヒオがみつかった。そんなことは無駄だとわかっておったが、わしらがだれかを好きなときには、まるで人間をつく

り変えることができるみたいに、はっきりと言わねばならんのだ。」〔「現実」九八〕

ルシオはドン・ファンの孫である。大多数のヤキ族がカーキ色の服とジーパン、麦わら帽、ガラチェという自家製のサンダルを身につけているのに、ルシオはトルコ石のビーズのフリルがついた高価な黒いレザーのジャケットを着てオートバイを欲しがっているモダン・ボーイだ。〔同七六〕

カスタネダがドン・ファンに同情して、ルシオに呪術をかけることもできるのだろうというと、

「戦士にするために呪術などかけられん。戦士であるにはエリヒオのように透明でなければいかんのだ。」という。〔同九八〕

「透明である」ということがエリヒオの精神のあり方だけでなく、その存在のあり方をも指しているということを、以前に交わした会話から知ることができる。

「エリヒオはインディオだ。インディオらしく、エリヒオは何ももっておらん。わしらインディオは何ももってはおらんのだ。おまえがそこいらでみるものはみんなヨリ*のものだ。ヤキ族がもっているのは彼らの怒りと、大地がただでさしだしてくれるものだけだ。」〔同九三〕

＊　ヤキのことばでメキシコ人。

同時にドン・ファンはべつのところで、こんなことを言う。

「戦士というのは自分でほしいものを取ったり使ったりするのになんの懸念もない海賊みたいなものだ。ただ、戦士は自分が使われたり取られたりしても、気にもせんし、侮辱されたとも感じないがな。」（「旅」二九二）

「あらゆるものへのしずかな欲情」を戦士は手に入れ、無になることによって知者は全《すべ》てになるのだとドン・ファンはいう。（「現実」一八八―一九二）

「全世界をわれに与えよ」と谷川雁がかつていったように、コミュニズムとは所有の否定ではなく、万人が全世界を所有することに他ならなかった。しかしそのことは、「所有」が排他性を原理とするかぎり論理的に不可能である。

「どこにいようと、大地のおかげで生きていけるのさ。」（「旅」八八）というドン・ファンの生き方は、根をもつことと翼をもつことの二律背反を端的に超えていると同時に、けれどもそれは、ある一定の客観的な「世界」のあり方を前提している。

　このことは反転してまた、根をもつことと翼をもつことの二律背反が、どのような客観的な「世界」のあり方を地として前提しているかということを明るみに出す。

二律背反はわれわれの意識のうちに、あるいは共同の幻想のうちにだけあるのではなく、われわれが間主体的に、われわれ自身の行動と生き方をとおして、たえずあらたに存立せしめているひとつの歴史的な世界の構造のうちに、客観的に存在している。

カスタネダがメキシコ原野の丘の頂上で「見える限りの土地」を自分のものとするとき、それはなるほど、ある山に登り、ある方角に見える限りの土地の所有権を主張したスペイン人たちとおなじだ。ただ両者の小さなちがいは、その所有に排他性をもたせたか否かということだ。排他的に土地が分割されつくすかぎり、エリヒオのようなヤキ族にとって唯一の生きる糧である「大地がただでさしだしてくれるもの」さえ、もはや存在しないことになる。透明な存在は生きられないのだ。

白人によるメキシコ分割の最初の一世紀たらずのうちに、千五百万のヌエバ・エスパニアのインディオの九〇パーセント以上が死滅し、北米分割の四百年たらずのうちに、八十万の北米インディアンの九七パーセントが絶滅している。*

＊　増田義郎『メキシコ革命』中央公論社、一九六八年。
Stan Steiner, *The New Indians*, 1968.

そしてこのおなじ所有の体系は、いまもわれわれ自身のうちの透明なものを圧殺しつづけている。

人間を自然からきりはなしこれと対立することで太初にみずからの根を断ってきた型の文明の運命は、必然的に人間相互をもきりはなし壁をめぐらし合うことだ。それは共同体がたがいに、そしてその最終的に細分化されたかたちとしての近代市民社会においてはひとりひとりの個人がたがいに、〈他者〉たちのうちにみずからの疎外してきた〈自然〉の相貌を、すなわちよそよそしさとしての物《もの》的な力のすがたをみとめ合うからだ。

そしてこのような関係性の原則によって存立する歴史的「世界」のうちにわれわれが生きつづけるかぎり、飛翔する〈翼〉の追求が生活の〈根〉の疎外であり、ささやかな〈根〉への執着が障壁なき〈翼〉の断念であるという、二律背反の地平は超えられない。

「自分の存在を支えてくれるものを愛することもできず、対立するような人間どもだけが悲しみをもつ。」「大地への愛を完全に理解したときにはじめて、それは自由というものを教えてくれたんだ。この壮麗な存在への愛だけが、戦士の魂を自由にするのさ。」

その夜のおわりにドン・ファンはこのようにいって、カスタネダとパブリートに別れを告げる。

「夜明けの光は世界と世界のあいだの裂け目だ。それは未知なるものへの扉だ。」〔TP, pp. 282 f.〕

旅のノートから

骨とまぼろし（メキシコ）

むかし十四世紀のはじめ、荒涼たる中米北部の東西シエラマドレ山系をあとに南下したアステカ族は、標高二千二百メートル余の常春の地テスココの湖の中に、三本の橋だけをわたして水上の都を築いた。二百年ののちイスパニアの征服者たちが、この都市の破壊の上にメキシコの都を築く。かつて征服者の目を奪った美しい湖も今は、近代産業と巨大な人口にのみつくされて、わずかに残存する浮畑や工場地帯のにび色に光る沼地の他には、面影をとどめていない。しかし地下水等の構造をみると、人口一千百万というこの世界最大の都市の一つは、地質学的には今なおお水の上にあるという。数十階に及ぶ都心の近代建築は、年に何センチか確実に沈みつつある。メキシコ人はそのことをよく知っていて、だれもそれほど気にとめていない。過去や未来をひきずって重い時間という感覚は、植民者と混血児のこの文化の中であまり現実性がないのだ。

メキシコに着いて早々、外国人のためのスペイン語学校で、「時々」という表現を練習する初等文法の時間に、「あなたは時々ウソをつくでしょう」と教師に質問すると、その教師は「ノー」と答えて、「私はいつでもウソをつきます。われわれはウソの社会に生きているのです」という。

「メンティーラ」（ウソ）の意識ということは、この社会を理解するひとつのカギだ。たとえば道をたずねると知らなくても教えてくれる。「知らない」という冷たい返事をすることができず、大まじめにウソを教えてくれるのでひどい迷惑をうけることがある。会話は正しい情報を伝えるという目的よりも、その人にたいする共感と好意を表現するという価値が優先するのだ。「あなたにすっかり魅了されてしまいました」「あなたとの出会いは私の人生を変えてしまった」といったおそろしい言葉が迫真の身ぶりと共につぎつぎと出てくる。これらの言葉は、その場その場の相手との関係における真実なのだ。ただ明日もそう思っているかどうかは本人にさえ分からない。人間の主観のおりなす世界の全体がひとつの共同のまぼろしだとすれば、「動かぬ真実」という岩盤のありやなしやにどれほどの意味があろうか。きららかな幸福と夢の波立つメンティーラの水面の上を、彼らはほんとうに身を入れて歌い、争い、約束し、求愛し、踊り、倒れるように眠る。

私が感動したのは、だれかを招くと、必ずその恋人や兄弟や友人などの、たのしい「招かれざる客」たちをつれてくることだ。二人を招くと五人で現れる。このようにして関係の波紋はひろがり、目もあやに重畳しながら、いつかそれなりの厚い真実の地平を形づくってしまい、そこからの別離が身を裂くかなしみとなっていることにあとになって気付く。

この開放性と人恋しさの背後には、植民者や混血者たちの存在のふたしかさからくる孤独の深層があるという、オクタヴィオ・パスの分析を私は鋭いと思う。メキシコ社会は一六パーセントの白人、五五パーセントのメスティーソ（混血）、二九パーセントのインディオからなる。そしてその基底を構成するインディオの社会には、前述の開放性は一般にない。外来者をやさしく迎えても決して受け入れることのない共同体の境域を張る。都会に来ている個々人のインディオでさえ、一人一人がそのような心の空間を、その男、その女の気配のように漂わせている。

＊

メキシコに長くいる画家の竹田鎮三郎氏は、二人の特別に親しい弟子をもっている。その一人のメスティーソとメキシコ風の会話に花を咲かせていると、生まじめなインディオの弟子がギクリとさせる迫力をもって「メンティーラ！」（ウソだ！）とつぶやくことがあるという。

竹田氏の熱愛する画家にホセ・グアダルーペ・ポサダという版画家がいる。今世紀初頭メキシコ革命期の国民的な画家だ。晩年の思想的完成期にはほとんどカラベラ（がいこつ）のみを彫りつづけた。花嫁衣装やシルクハットやピストルや革命軍の服をまとったカラベラが、グロテスクな現実性をもって描かれる。優雅な上流社会にも革命的権力にもまた深く幻滅して不遇のうちに死んだこの民衆画家は、一切のメンティーラをはぎとった底に、人間の芯のごとくにカラベラを透視しつづけた。

インディオは土葬するので、死者のカラベラはそのまま残る。十一月二日の「死者の日」には、村々の墓場に生者たちがいってカラベラと食事を共にする。村の葬式に立ち会ったことのある記者の伊高浩昭氏から、こんな話をきいたことがある。日本では火葬して骨もバラバラになるということをインディオたちに話すと、その骨は元通りに復元するのだろうかとたずねられた。いやバラバラになったまま一部を骨ツボに納めるだけだ、と答えると、「恐ろしいことだ」と真実身をふるわせたという。カラベラは生きていた人の人間の芯であるばかりでなく、生き残った者が祖先と大地へとつながっていく、存在の根のようなものかもしれない。

そしてメキシコの大地のうちに深く存在の根をもったインディオたちは、白人とメスティーソとの文明のかがやきの総体にむけて、「メンティーラ!」とつぶやきながら「恐ろしいことだ」と身をふるわせているのかもしれない。

メンティーラとカラベラという二重の視点をもってはじめて、メキシコ文明の全体が立体としてみえてくるように思う。

＊

春の聖週間にキリストの生涯を描く偶像の行列が街をねり歩くというようなことは、とりわけラテン・アメリカのカトリック諸国においてはめずらしくないことだろう。ただグァテマラやメキシコ南部でわれわれの目を奪うのは、キリスト処刑後の「痛みのマリア」の心臓に剣がさされて、その傷口からいっぱいに花が咲きこぼれていることだ。これは明らかにいけにえの血潮が花となって蘇生するというマヤの信仰だ。聖者や使徒たちの偶像と十字架のもとに、かつてアステカやマヤの神殿をくゆらせたコパル（樹脂の香）をたきしめ、花をしきつめて今なお呪術や占いの行われている村々のほこらと共に、それは強いられたキリスト教の外被の下で、インディオがその信仰の内実を生きつづけていることを示す。

インディオはメキシコの街に、召し使いとか行商人とか車洗いの下男などとして流れこんでくる。アパートやビルの屋上はこれらの奉公人たちの住むスペースになっている。六階にあった私の研究室からみると、まわりは低い建物ばかりなので、この首都のまん中なのにいちめんにインディオたちの世界だ。屋根を熱帯の木の葉でふいたりして、下に住む白人たちの知らない世界を形成している。雲が血の色に染まる時刻には、若者がこちらのビルの屋上で、あちらのビルの屋上の若い娘に大きく手をふって呼びかけている。幾百年の昔にも、やはり夕陽を背景に若者たちや娘たちが、このようにあちらの丘、こちらの丘から呼び交わしていたはずである。今征服者を自認する近代文明の墓標のような四角い丘、直線の谷のすべてをつつみこむ薄暮の底から、地のシルエットたちが立ち上がり呼び交わしていることとおなじに。

ファベーラの薔薇（ブラジル）

一つの行列が群衆をまきこみながら重い疾風のように通りすぎると、散乱するおびただしいビールの空き缶は一つのこらずおしひしがれて、過ぎ去ってゆく雑踏のすさまじさを物語っている。

リオ・ブランコ大通りの数十階のビル街の底を夜もすがら地響きのようなサンバのリズムがとめどもなく湧き、反響し、旋回し、咆哮しながらイルミネーションのむこうの暗黒へとたちのぼってゆく。オーレレレ！　オーラララ！

カルナバルの三日四晩のために、カリオカ（リオっ子）は一年間働いた金をほんとうに使い果たしてしまう。

カポエイラというブラジルに固有の闘技は、脚をつかって瞬間に相手をけり倒すおそるべき破壊力をもつ。かつてこの闘技は黒人奴隷が、農場主や鉱山監督者に抵抗する唯一の武器だった。白人の弾圧を逃れるために、彼らはサンバの動作の中にたくみにカポエイラをくりこみ、踊りの練習とみせかけて技をみがいた。

今日の街のサンバのうちには、カポエイラの型がかくれ糸のように織りこまれていてすごみを添えている。サンバはもともと高調時には、踊るというよりは地をけるという動詞がふさわしい。子供たちがほとんど言葉より先に、缶をたたいてみごとなリズム感を身につけるように、けることは彼らにとって、歩くことのように生活の一要素なのだ。

群衆の中で少年が、私を日本人だと知ると、空手をやるかとおきまりの質問をする。空手はやらない、剣道だけだと言って、持っていた夕刊を丸めたものをバシッと少年の頭の上にふりおろす。瞬間、少年は三メートルくらいふっとんで倒れる。

周囲は歓声と拍手のあらしで、たちまち私は東洋の神秘的な武技の達人ということになってしまう。少年も起き上がって晴れやかな拍手を送る。もちろん私の完敗である。わずか十歳ほどの少年が、異郷の客に花をもたせながら、その場に「奇跡」をつくり出す瞬時の機転と、社交術にまで洗練された下半身のバネを発達させているのだ。魔術はおそらく魔術師が作るのではない。魔術をあらかじめ帯電した世界があるとき、それがたとえばなんでもない異郷人のような材料のまわりに凝集して、魔術師を結晶させるのだ。

＊

コパカバーナ、イパネマ、レプロンとつづく海岸線の高級・高層ビル街を抱くようにして、赤茶けたウロコをもった山はだが迫る。赤茶けたウロコとみえるのは、五十万から六十万といわれる貧民の居住地区ファベーラである。この膨大な無法地帯をリオはやっかい者として疎外しながら、しかもこの都市のすべての機能はファベーラの労働力に支えられている。カルナバルのある四日間洪水のように流れ下ってリオの街々を埋めつくすのは、このファベーラの人びとである。

ファベーラを訪ねるという私の希望は、非常識なものとして反対された。ファベーラに入ったら生きて帰れない。運よく生還した者も身ぐるみはがれて逃げ帰ってきた。結核と梅毒と癩病と犯罪者の巣だ。等々。幸運にもファベーラの人を知っている太地恒夫氏御夫妻の案内を得て、ロシーニャというリオ最大のファベーラを訪れる機会をもつ。

急な坂道をどこまでも登っていくと、あいにくたずねる相手は留守で、奥さんが招き入れてくれる。

「ここが私の世界です。」小さな庭の日ざしの中で彼女の息子と、いっしょに育てた二人のオイとがしずかにトランプを楽しんでいる。居間にはみごとな薔薇の造花と、百合のような花。隅には男女の守護神の像が見守る。彼女の父神はシャンゴーという石の神、母神はイニヤサンという雷と星辰の神だ。

よくみるとあの百合のような花は、タマゴを運ぶ発泡スチロールの保護ワクの切り抜きである。大輪の薔薇はビニールのはぎれをロウソクであぶってちぢらせて作ったという。「ファベーラで生きる知恵です」と彼女は幸福そうに笑う。

夫はフリーの石積み職工。収入は笑って答えなかったが、一家で月に九百クルゼイロ(約二万四千円)必要だという。彼は昨年のカルナバルで優勝したサンバ学校のメンバーで、十四歳の年から毎年大通りのコンクールに参加していることが自慢だ。サンバ学校はリオに二十校ぐらいあり、他にブロッコという町内の教習会が千くらいある。ブロッコの会費は一般に無料で、ジョーゴ・デ・ビショという動物の絵合わせのような私設宝くじがその財源だという。たいていのファベーラにブロッコはあって、祭りの翌日からもう来年のカルナバルをめざして練習にはげむ。

インドの不可触賤民たちは、自分をガンジスの岸辺で焚いて、よりよき生への転生のために灰となって〈聖なる河〉に還ってゆくための、その薪《たきぎ》をかうだけの金を手に入れるために、生涯を働きつづける、という。

三日四晩の恍惚のために一年を生きるファベーラの陽気なカリオカたちは、このインドの歌のない殉教者たちとちょうど反対の極から呼応する。一生にひとつの〈葬〉と一年にひとつの〈祭り〉と。二つの対照的な世界は、働きつづけることのかなたにどのような転生も恍惚もないわれわれの世界の虚無から、最もとおい二つの極地だ。

*

〈聖・俗・遊〉というカイヨワの卓抜な人間世界の構図。ホイジンガーが〈聖・俗〉二元論の中で、遊びを聖なる領域としたのを批判して、遊びはむしろ聖の対極に立つことをカイヨワは指摘する。〈俗〉なる日常世界を中点に、〈聖〉はいっそうの厳粛と緊張の時、〈遊〉はいっそうの奔放と自在の時だ。

しかし同時にこの対極をあえて同一のものとみたホイジンガーの直観にもまた、真理は含まれているはずである。最も奥深い〈聖〉の極地と最も奥深い〈遊〉の極地が、はるかな地球の裏側で呼応している。

炸裂するサンバの響きと雑踏のほこりにまみれて、踊りつかれた青年、少女、老人、子供、母親が死体のように眠る。そのいくつもはじっさい死んでいる。

カルナバルの最後の夜が明け、リオデジャネイロの東の海が紫から朱、黄金色から緑へとうつり変わる時刻を、ファベーラに住む人びとは、とりわけ女たちはさめざめと泣く。

おなじように宗教的な夜明けを、私はただ一度だけ、ガンジスの小舟の上で迎えたことがあるような気がする。

やがて熱帯の白い日ざしがリオの石畳を焼きつける時刻、この年の祭りの中で死ぬことのできなかった男や女が、空腹と疲労をかかえて、魂をおいてきた肉体の陽炎のように、ゆらゆらとその労働の日々にたち上がる。

時間のない大陸（インド）

インドの河はどの河もそうだけれども、ガンジスの河の流れは、上流と下流をみわけることができない。目標をさだめて観察しているとはじめて、水がすこしずつ流れているということがわかる。行く川の流れは絶えずしてしかももとの水にあらず、という方丈記の気ぜわしい無常観は、日本の川の思想だ。

人びとはガンジスを飲み、ガンジスに糞尿を流し、その水で沐浴し口内をすすぐ。ガンジスは人びとの生活と死とのすべてを包容しやがて運び去る。けれどもこの朝捨てられた生活のおりを、昨夜焚かれた死体の灰を、ガンジスは幾メートルかの沖合いにたたえてそこにある。数日前、数年前、数千年前の歴史をもそれは、ゆっくりと視界の果てへとおざかり重なり合いながら、しかしけっして消え去ることのない遠近法をもって、今もたたえているごとくである。

エローラで知り合ったある老人は、最近そこを訪れた日本の少女が、婚姻なしに子供をつれていたことを告げて、慨嘆にたえないという顔をするので、ぼくは彼自身の意見を求めた。老人はとおくを見る目つきをして考えこんでから、こんなふうに言う。「この地球にはたくさんの国々がある。そしてそのどの国々にも、そういうことはあるだろうと思う。なぜならそれらの国は、人間の住む国だから。」

これはぼくたちがインドの人と、何かある問題について議論を交わすさいの、問題のおき方の微妙なズレの、平凡で典型的な例だ。「未婚の母」の問題を日本人は、まずひとつの時代性としてみる。気まぐれな流行としてみるにせよ、家族制度の解体の前兆としてみるにせよ、すべてはさらさらと音をたてて流れ来り流れ去る「歴史」のうちにおかれる。インド人はむしろ歴史をひとつの空間のうちにみる。この世にかつて起こり、これから起こる一切のことは、この視界の果てのどこかにすでに存在し、今も存在し、永劫にこの天と地の間を回流しつづけるだろう。ぼくたちは時おりそのうちのいくつかと出会う。

南インドの草原の小さな村で、巨大な星たちの下で立ち小便をしながら、すばらしく神秘な宗教音楽が家々の影をつつんで流れるのを聞いた。ぼくたちのことばでいえば「宇宙を感じる」ひとときであった。あとで知ったが、村でただ一台のトランジスタラジオのボリュームをいっぱいにあげて、村中で聞き入っているのであった。それがトランジスタであったということは、日本人に、幻滅や皮肉な安堵感を与える。彼らはそこに「歴史」を発見し「近代化」をみる。けれどもその時のぼくに感じられたのは、逆に「近代」をこともなげにのみこんで包摂してしまう、共時性の深淵のごときものであった。トランジスタもシタール（弦楽器）も最も素朴な竹笛も、たかだか数千年ほどの重なり合う同時性として、その雰囲気の全体性のうちにインドはのみくだしてしまう。

*

ボンベイのホテルのクリスマスイブのパーティーで、時ならぬ中東戦争にまきこまれたことがある。偶然に同席していたイスラエル人の夫妻が、通りがかりのガーナ人をちょっとからかったのがきっかけで、応酬は午前四時すぎまでつづいたが、双方が相手を攻撃する強調点のずれ方が興味深かった。

ガーナ人は自分の黒い腕をバシバシたたきながら、アメリカの人種差別を攻撃し、イスラエルはそのアメリカの手先となってアラブの仲間と敵対している。イスラエルは世界中の有色人種の敵だ、という一点を繰り返す。イスラエル人夫妻は冷ややかな笑いをうかべて、こういう事実を知っているのか、と切り返す。某々の地区はイスラエルの治下ですっかり清潔になった。ところがアラブが占領してまたきたなくした。べつの某々という地区だってそうだ。他にも例がある——。「クリーン、クリーン」彼らは繰り返す。イスラエルは清潔（クリーン）にした。アラブはまたきたなくする。この白人の自信にみちた冷笑のうちに、ぼくはまたインドに来ている多くの日本人たちの表情をみて顔をそむけた。

「日本人とユダヤ人」の共通点がもしあるとすれば、「清潔」を好むことだろう。清潔とは何か。それはおそらく、身体や精神についた異物を排斥する思想、異物と共生することを拒否する感覚だ。

インドの旅は快適ではない。一日の汽車の旅をおえて、宿をみつけて、髪をぬらして最初に手で軽くしぼると、ぼとりとどぶねずみくらいの分量の汚物が洗面所におちる。毛穴という毛穴は泥とほこりでみたされる。ぼくたちはほとんどこのように、モノと共生することに耐えられない。

南部の農村地帯にゆくと、ちょうど日本のビニール・ハウスのような形の、カマボコ型のテントがみられる。それは一見、日本ののどかな農村風景と少しもかわらない。けれどもこのテントの下には、うじゃうじゃと裸の子供たちがひしめいて発生している。この表現は日本の清潔なヒューマニストや左翼を怒らせる。人間を虫のように言うのは許せない。差別言辞であるまいか、云々。けれども彼らは、東京という汚物の下にひしめいて発生するぼくたちと同じくらいに、たしかにうじゃうじゃと発生している。インドは人間がモノであること、ヒューマニズムの総体もまた、このモノの抱くこわれやすい幻夢に他ならないことを教えてくれる。

＊

けれども人間がモノであることは、物質であるということと同じではない。マドゥレイで親しくなった青年は別れるときに、「また会いましょう、この生のうちに」とさりげなく言って、もう一度「この生のうちに（イン・ジス・ライフ！）」と繰り返した。

ぼくたちの死は自然への還帰であり、ぼくたちはそこでふたたび、虫や草木や水としてありつづけるだろう。そこで相会うこともまたあるかもしれない。けれどもこの人間としての、みじかい生のうちにももう一度会いたいですね、とこの青年はいう。この世にかつて存在し、これから存在する生命はすべて、このように今も存在し、永劫にこの宇宙のどこかに転生しつづけるだろう。この感覚はぼくを、ほとんどもの心ついて以来の、永劫の死への恐怖といったものから解放してくれる。日本の風土の中では、それはただ言葉にすぎない。水と草木と虫たちと人間たちとが、たがいに発生し交響し発散し分解し合う南インドの空の下では、この感覚は、疑いようもない真実としてぼくたちの存在をつつむ。

交響するコミューン

彩色の精神と脱色の精神
——近代合理主義の逆説——

『更級日記』にこんな話が書いてある。作者と姉とが迷いこんできた猫を大切に飼っている。あるとき姉の夢まくらにこの猫がきて、自分はじつは侍従の大納言どのの息女なのだが、さる因縁があってしばらくここにきている。このごろは気品のない人たちのなかにおかれて、わびしいといって泣く。それから姉妹はこの猫をいよいよ大切に扱ってかしずくのである。

ひとりの時などこの猫をなでて、「侍従大納言どのの姫君なのね、大納言どのにお知らせしましょうね」などと言いかけると、この猫にだけは心がつうじているように思われたりする。

猫はもちろんふつうの猫にきまっているのだが、『更級日記』の作者にとって、現実のなにごともないできごとの一つ一つが、さまざまな夢によって意味づけられ彩りをおびる。

夢といえば、フロイトのいき方はこれと正反対である。フロイトの「分析」にとって、シャンデリアや噴水や美しい飛行の夢も、宝石箱や運河や螺旋階段の夢も、現実の人間世界の心的機制や身体の部分を示すものとして処理されてしまう。フロイトは夢を、この変哲もない現実の日常性の延長として分析し、解明してみせる。ところが『更級日記』では逆に、この日常の現実が夢の延長として語られる。フロイトは現実によって夢を解釈し、『更級日記』は夢によって現実を解釈する。

この二つの対照的な精神態度を、ここではかりに、〈彩色の精神〉と〈脱色の精神〉というふうに名づけたい。

われわれのまわりには、こういうタイプの人間がいる。世の中にたいていのことはクダラナイ、ツマラナイ、オレハチットモ面白クナイ、という顔をしていて、いつも冷静で、理性的で、たえず分析し、還元し、君たちは面白がっているけれどこんなものショセン××ニスギナイノダといった調子で、世界を脱色してしまう。そのような人たちにとって、世界と人生はつまるところは退屈で無意味な灰色の荒野にすぎない。

また反対に、こういうタイプの人間もいる。なんにでも旺盛な興味を示し、すぐに面白がり、人間や思想や事物に惚れっぽく、まわりの人がなんでもないと思っている物事の一つ一つに独創的な意味を見出し、どんなつまらぬ材料からでも豊饒な夢をくりひろげていく。そのような人たちにとって、世界と人生は目もあやな彩りにみちた幻想のうずまく饗宴である。

冷静で理知的な〈脱色の精神〉は近代の科学と産業を生みだしてきた。たとえばフロイトはわれわれの「心」の深奥に近代科学のメスを入れようと試みたパイオニアである。そして科学と産業の勝利的前進とともに、この〈脱色の精神〉は全世界の人びとの心をとらえ、その生きる世界を脱色していった。

森の妖精や木霊《こだま》のむれは進撃するブルドーザーのひびきのまえに姿を没し、谷川や木石にひそむ魑魅魍魎《ちみもうりょう》は、スモッグや有機水銀の廃水にむせて影をひそめた。すみずみまで科学によって照明され、技術によって開発しつくされたこの世界の中で、現代人はさてそのかげりのなさに退屈し、「なにか面白いことないか」といったうそ寒いあいさつを交わす。

世界の諸事物の帯電する固有の意味の一つ一つは剝奪され解体されて、相互に交換可能な価値として抽象され計量化される。

個々の行為や関係のうちに内在する意味への感覚の喪失として特色づけられるこれら

の過程は、日常的な実践への埋没によって虚無から逃れでるのでないならば、生のたしかさの外的な支えとしての、なんらかの〈人生の目的〉を必要とする。

それが近代の実践理性の要請としての「神」（プロテスタンティズム！）であれ、その不全なる等価としての「天皇」（立身出世主義！）であれ、またはむきだしの富や権力や名声（各種アニマル！）であれ、心まずしき近代人の生の意味への感覚を外部から支えようとするこれらいっさいの価値体系は、精神が明晰であればあるほど、それ自体の根拠への問いにさらされざるをえず、しかもこの問いが合理主義自体によっては答えられぬというジレンマに直面せずにはいないから、このような価値体系は、主体が明晰であればあるほど、根源的に不吉なニヒリズムの影におびやかされざるをえない。*

*真木『時間の比較社会学』序章

ここにはいっさいの幻想を排するがゆえに、逆に幻想なくしては存立しえず、しかもこのみずからを存立せしめる幻想を、みずから解体してゆかざるをえない、近代合理主義の逆説をみることができる。

われわれはこの荒廃から、幻想のための幻想といった自己欺瞞に後退するのでなしに、どこに出口を見出すことができるだろうか。

色即是空と空即是色

――透徹の極の転回――

第二次世界大戦後東南アジアの現地で処刑されたB・C級戦犯の手記などを読むと、ふしぎにたがいに符合する一つの回心のパターンをみることができる。現地の収容所からつれ出されて裁判をうける建物にゆき、そこで死刑の判決をうけてまた収容所にもどる。そのもどり道で、光る小川や木の花や茂みのうちに、かつて知ることのなかった鮮烈な美を発見する。彼らはそこに来るときもこの道をとおってきたし、すでに幾週かをこの島で戦ってきたはずなのに、彼らの目はかつてこのような、小川にも木の花にも茂みにも出会うことがなかった。これらの風景や瞬間は、今はじめて突然のように彼らをおそい、彼らを幻惑し魅了する。

これまでの生の年月を十重二十重に呪縛してきた、天皇制国家の価値体系や、戦略戦術的な身構えや、帝国軍人としての役割意識等のいっさいを剝奪され解体された精神のまえに、はじめて裸形の自然がその姿を現わす。

これと近似する体験はまた、たとえば鉄道自殺の未遂者が、空の美しさというものを衝撃的に発見する瞬時としても記録されることがある。いっさいの価値が空しくなったとき、かえって鮮烈によみがえってくる価値というものがある。

仏教のいちばんいい部分には、万象を空しいと観じた時に、逆にふわっと浮び上がってくる万象の価値への感覚があるように思う。色即是空、空即是色という転位の弁証法は、人間と世界との関係のいっさいの真理をつつむ。

人づてに聞いた話だけれども、石牟礼道子さんの目がほとんどみえなくなったころ、水俣の告発する会のある集会の終ったあとで、若い人たちがワイ歌など歌っていると、石牟礼さんが一人細い声で、童謡かなにかを歌っている。いつともなく他の人たちが歌うのをやめて、その声に聞きいっていると、石牟礼さんがふと、一人ずつ私の方に顔を向けて、いっしょに歌ってくださいと言って、それから順番に一人ずつ、デュエットで歌っていったという。

伝聞の話のうえに、さらに根拠のない想像を加えてしまうことになるので、これは全く私の独断として読んでほしいのだけれど、そのとき私には石牟礼さんが、死ということを感覚しておられるように思われて仕方がなかった。自分がもうすぐ死ぬということではなくて、私たちすべて、やがて死すべき者として、ここに今出会っているということのふしぎさ、いとおしさである。

自然科学の語る真理は、宇宙のいっさいが物質の過程にほかならぬことを教える。われわれが死ねば自然にかえるのみであり、人間の「意識」も人類の全文化もまた、永劫の宇宙のなかでの束の間のかがやきにすぎない。この物質性の宇宙の外に、どのような神も永遠の生命も存在しない。

ここまで幻想を解体し認識を透徹せしめた時に、はじめてわれわれは反転の弁証法をつかむ。われわれの、今ここにある、一つ一つの関係や、一つ一つの瞬間が、いかなるものの仮象でもなく、過渡でもなく、手段でもなく、前史でもなく、ひとつの永劫におきかえ不可能な現実として、かぎりない意味の彩りを帯びる。

「……その認識は我々に、我々の時を愛させる。我々の時とは、知覚される最も小さな物のように――シャボン玉のように、波のように――あるいは最も簡単な対話のように、世界の混沌と秩序のすべてをその中に分割されていないままに包含するものだ」（メルロ＝ポンティ）

われわれの行為や関係の意味というものを、その結果として手に入る「成果」のみからみていくかぎり、人生と人類の全歴史との帰結は死であり、宇宙の永劫の暗闇のうちに白々と照りはえるいくつかの星の軌道を、せいぜい攪乱しうるにすぎない。いっさいの宗教による自己欺瞞なしにこのニヒリズムを超克する唯一の道は、このような認識の透徹そのもののかなたにしかない。

すなわちわれわれの生が刹那であるゆえにこそ、また人類の全歴史が刹那であるゆえにこそ、今、ここにある一つ一つの行為や関係の身におびる鮮烈ないとおしさへの感覚を、豊饒にとりもどすことにしかない。*

*真木『時間の比較社会学』結章

生きることと所有すること

——コミューン主義とはなにか——

マルクスはその初期の草稿において、コミューン主義というものを、たんなる所有の平等や共有ではないものとして、次のように語る。

「私的な所有の止揚ということは、人間が世界を人間のために、人間によって感性的にみずからのものとして獲得するということであるが、このことはたんに直接的な、一面的な享受という意味でだけとらえられてはならない。すなわち、たんに占有するという意味、所有するという意味でだけとらえられてはならない。人間は彼の全面的な本質を、全面的な仕方で、したがって一個の全体的人間としてみずからのものとする。世界にたいする人間的諸関係のどれもみな、すなわち、見る、聞く、嗅ぐ、味わう、感ずる、思考する、直観する、感じとる、意欲する、活動する、愛する、こと、要するに人間の個性のすべての諸器官は、対象的世界の獲得なのである」「私的な所有はわれわれをひどく愚かにし、一面的にしてしまったので、われわれが対象を所有するときにはじめて、対象はわれわれのものであるというふうになっている」「コミューン主義、すなわち私的な所有の止揚とは、すべての人間的な感覚や特性の解放である」

このおどろくべき起爆力を秘めた把握は、しかしその後のマルクス主義思想のなかで、明確に展開されてきたとはいえない。

マルクスは人間と対象的世界の関係を、所有の関係に一面化するような把握そのものの地平を止揚する運動として、コミューン主義を構想している。

マルクスがコミューン主義について述べた一節の全体の構成をみれば、そこでマルクスが、コミューン主義というものをたんに所有の平等や共有として把握するやり方を、いいかえれば、〈人間的な感覚や特性の解放〉ぬきのコミューン主義というものを、どんなに明確に軽蔑していたかがわかる。

われわれと他の人間や自然との関係において、根底的に価値があるのは、われわれがそれらを所有し、支配することではなくて、それらの人びとや自然とのかかわりのなかで、どのようにみずみずしい感動とゆたかな充足を体験しうるかということである。

所有し支配することは、むしろその当の対象的世界との関係における、ゆたかな感動を脱色し貧血せしめる。深林の奥深く神秘な感動は、たとえば森林を分割的に所有することで、色あせたせせこましい経験となる。出会いのみずみずしい感動は、他者たちを支配し所有することでたんなる儀礼となりはててしまう。

こうして所有は、この所有から排除された人びとのみならず、その当の所有者自身をも対象的世界から疎外してしまう。芸術作品を値上り目当てに買いこんで退蔵する収集家が、この作品との出会いの感動を大衆から奪うのみならず、夜ごとに一人「観賞」して悦に入るかもしれない彼自身の芸術体験をも不具化し、貧困化してしまうように。

それは所有というものが、行為や関係の意味をその結果に向って、たえず収奪する構造を内在しているからである。

九州の柳下村塾に手伝いにいった学生が、以前に神経性の病なるものを患ったことがあるという無口ではにかみやの少女といっしょに、『柳城通信』を発送する宛名はりの作業をしながら、効率のよいやり方に関して、「終りよければすべてよし、だもんね」というと即座に「それはスターリニズムではないのですか？」と問いかえされた。〈終りよければすべてよし〉というこの原理こそ、あらゆる弱者や「障害者」を差別し疎外する市民社会の、そしてファシズムとスターリニズムの論理にほかならないことを彼女は知っている。

マルクスが現にあるような労働を、人間の生産的な活動の本来の姿ではなく、疎外された労働としてとらえかえそうとしたのは、活動がそれ自体として生きることであることをやめ、所有することのたんなる手段にまでおとしめられる構造をそこにみたからである。そしてまさしくこのような労働の疎外された構造のうちに、「私的な所有」の関係の核心を彼は見出していた。

行動や関係の意味がこのように、〈結果として手に入るもの〉に向って収奪されてゆくという構造が止揚されないかぎり、マルクスが明確に記しているように、「共同体はただ労働の共同体であるにすぎず」「普遍的な資本家としての共同体」の割当てる疎外労働にすぎない。

このような生の手段化という地平が止揚されることなく、したがってそれが、人間的な感覚と特性の全面的な解放として明確に把握され実現されていないとき、コミューンのこころみはつねに、あらたな抑圧に転化する危険をはらむ。

出会うことと支配すること

——欲求の解放とはなにか——

野本三吉氏の「開かれた関係」という文章は、一九七二年の最も印象に残る文章の一つであった（『展望』七二年四月号）。北海道のパイロットファームで働いていたころの著者が、近づけば歯をむきだして威圧する狂暴な道産子馬を、ある日ふと解き放ってしまうことをとおして、予想もしなかった自然な交流の生れでる体験を基礎に、〈関係〉ということについて考えた文章である。

われわれが他者と関係するときに抱く基本の欲求は、二つの異質の相をもっている。一方は他者を支配する欲求であり、他方は他者との出会いへの欲求である。操作や迎合や利用や契約は、もちろん支配の欲求の妥協的バリエーションとしてとらえられうる。支配の欲求にとって他者とは、手段もしくは障害であって、他者が固有の意思をもつ主体として存在することは、状況のやむをえぬ真実として承認されるにすぎない。ところが出会いの欲求にとっては、まさしくこのような他者の自由とその主体性こそが欲求される。

支配の欲求が他者をもたえず自己へと同化することを欲するのと反対に、出会いの欲求は自己をもたえず他者へと異化することを欲する。支配の欲求は同化的であり、出会いの欲求は異化的である。

支配の欲求は異質の個性、異質の集団、異質の思想の存在を許容しえないか、あるいはこれを状況のやむをえぬ現実として承認する。ファシズムやスターリニズムや、とざされた前近代の「共同体」は前者の側であり、市民社会は後者の側である。この両者は相互に転化し補完する同位対立物にすぎない。出会いの欲求は反対に、異質の個性、異質の集団、異質の思想の存在をこそ欲求する。われわれの考えるコミューンとは、このような出会いの欲求に基礎をおく関係性である。

近代主義者の貧困な想像力が、コミューンをつねにとざされた「共同体」や、ファシズムやスターリニズムと混同して非難することは、むしろ同情してみなければならないとしても、悪いことには、コミューン主義者自身のうちにも、事実上このような混同はある。市民社会の人間像が自己の欲求の解放ぬきにコミューンを形成しようとするとき、それはファシズムやスターリニズムに転化するだろう。

なぜならば相克する無数のエゴの「契約」をその原理とする市民社会は、他者の自由への相互のおそれと、したがって相互に他者への支配の欲求を、その秘められた動因としつつ、各人のこの秘められた欲求の相互抑制（checks and balances）の上に存在するからである。したがってこの欲求の構造の変革ぬきに、連帯や統一という名のもとに、市民社会の相互抑制と異質性への承認とが否定されるならば、普遍を詐称する「指導部」の権力意思が、おそらくはその指導部自身をも欺いて貫徹することによって、耐えがたい自由の圧殺が現出することは必然である。

コミューン的な関係をその原理とする歴史が普遍的にひらかれるまえに、先駆的に形成される個別コミューンの重要な課題の一つは、それがコミューンというものを、ファシズムやスターリニズムに転化せしめることのない、そのような主体とその関係性とを、――すなわち新しい欲求と感受性とを――日常のなかで創出していくことだろう。

マルクスはさきの、「人間的な感覚や特性の解放」としてコミューン主義を規定した文章のすぐあとに続けて、次のように書く。「しかし私的な所有の止揚がこのように解放であるのは、これらの感覚や特性が主体的にも客体的にも人間的になっているという、まさにそのことによってなのである」。

「欲求を解放する」というテーゼにたいして、道徳主義者からきまってよせられる反論は、それが「野放図なエゴの相克」をまねくだろうという危惧である。人間が人間にたいして狼であるというホッブス的な幻想を、彼らはアプリオリに前提している。彼らのひからびた想像力は、「欲求の解放」ということばのなかに、まさに最も解放されていない欲求をイメージしている。

「欲求の解放」とはなによりも、欲求そのものの解放である。欲求を解放するとは、解放する欲求を生きること、対象を解放し、他者を解放し、自己自身をたえず解放してゆこうとする欲求を生きることである。

エロスとニルヴァーナ

——始原への回帰と未踏への充溢——

疎外された感性と欲求からの解放ということの具体的なイメージを結晶させてゆくと、こんにちいくつかのコミューン内部やコミューン相互の対立や異質性として現われているように、二つの相矛盾する原理の存在することがわかる。

いまひとつの手がかりとして、ライヒとマルクーゼの対立ということをとりあげてみよう。効率と生産性の原理の支配する文化にたいする、徹底的な批判者である二人の思想家は、また相互にも深く対立し合っている。

〈オルガスムによる解放〉というライヒの路線は、人間の自然性への回帰による始原の調和を、文明の総体をすりぬけながら、今、ここに再現することをめざすユートピアである。〈エロス的文明〉というマルクーゼの構想はこれにたいして、人間の自然性なるものを固定化させず、文明の総体の獲得物を前提し止揚しながら、その具体的な変革の彼方に、無限に豊富化する人間的な欲求と感性の開花をめざすユートピアである。

性的な欲求の解放の問題にしぼっていえば、その抑圧による昇華に基礎をおく現在の文明にたいし、ライヒの対置するものは、その端的な充足であり、マルクーゼの対置するものは、その解放的昇華である。

ライヒをして言わしめるならば、マルクーゼの路線はたんに、性の端的な充足を回避し、変形する文明の不・自然性の延長にあるものにすぎない。マルクーゼをして言わしめるならば、ライヒにとっては「抑圧的な昇華と抑圧的でない昇華とのあいだに、本質的な区別もたてられず、自由の前進は単に性欲の解放としてあらわれる。」〈独断的な原始主義〉ということになる。

それぞれの基底にある発想には、いわばエントロピー主義と逆エントロピー主義ともいうべき、対照的なユートピア発想の様式があるように思う。

ここでは一方をニルヴァーナ原理、他方をエロス的原理とよんでおこう。ライヒ対マルクーゼということはたんにひとつの手がかりにすぎず、ここでは両者をそれぞれの一つの特殊な具体例とする、ユートピア構想にかけるより一般的な二つの発想様式を問題としたいからである。

ニルヴァーナ原理とはひとくちでいえば、融合と一体化による、始原の無矛盾性の回復への志向ともいうべきものである。エロス的原理とはこれと反対に、多様化する個の欲求の展開を前提とする、目もあやな交響性への志向ともいうべきものである。

二つの発想の対照性は、矛盾にたいする感覚において端的にあらわれる。人間と自然、人間と人間、人間と自己自身の関係において、ニルヴァーナ原理は矛盾を嫌悪し、葛藤や怒りや苦悩の消去する世界への憧憬を秘める。エロス的原理はむしろ、矛盾を積極的に位置づけ、葛藤や怒りや苦悩をも生の豊饒化の契機として把握しようと欲する。

ニルヴァーナ原理の極致は、個の溶融する融合型コミューンであり、エロス的原理の極致は、個の多様化する交響型コミューンである。前者はいわば〈自然〉へと回帰するユートピアであり、後者はむしろ、未踏の時間へとあふれ出るユートピアである。

私自身の主観的な好みとしては、融合するコミューンよりも交響するコミューンを好むけれども、それがニルヴァーナ原理というものを、どこまで深くみずからの内に抱いたうえでのエロス的原理でありうるかということが、勝負のしどころのように思われる。

ニルヴァーナとエロスのたえず発酵し生成する矛盾をかかえた運動体として、コミューンはありつづけるだろう。

プロメテウスとディオニソス

——われわれの「時」のきらめき——

われわれの日々の生活は、未来にある目標によって充実することもできるし、現在における交感によって充実することもできる。すなわちわれわれの〈今、ここにある自分〉の生は、その内に未来を抱くことで充たされることもできるし、他者(人びとや自然)を抱くことで充たされることもまたできる。

未来によって充たされる生のあり方を、ここではプロメテウス的な生、他者によって充たされる生のあり方を、ここではディオニソス的な生とよんでおこう。

プロメテウスは、文明の英雄である。自然の秩序(「神の永遠の秩序」!)に反逆し、みずから自立した創造主として、人為としての文明を構築する人類たちの、労苦と生産と創造と前進の英雄である。ディオニソスは反文明の英雄である。プロメテウス的な文明の秩序にふたたび反逆し、「征服のための労働を終らせ」、人間と神、人間と自然、そして人間と人間たちをふたたび和解する充足のイメージである。

プロメテウスは世界を征服し、ディオニソスは世界と交感する。プロメテウス的な文明が自己を絶対化するかぎり、じつはこの文明の総体じしんが、虚無に向って前進し自己を空洞化せざるをえぬという逆説をわれわれはすでにみてきた。そしてこの文明の自家中毒からの解放の戦略として、われわれはディオニソス的な原理を復権し、次いでその二つのバリエーションとして、エロス的原理とニルヴァーナ原理との弁証法をみてきた。

しかしこのようにプロメテウス的原理が、ひとまずその絶対的な支配権を剝奪されると、逆にこの精神もまた、人間の人間的な欲求の一つの相の真実として、一つの固有性として浮び上がる。

C・W・モリスは、キリスト、ブッダ、マホメッド、孔子、老・荘、エピクロス、ストアの教えや、アポロン、ディオニソス、プロメテウスの神話等々の比較研究をとおし、人間の生き方における究極の三次元として、次の三つの要因をあげる。①プロメテウス要因〔創造・生産・克服・支配・変革・活動・努力・労働……〕②ディオニソス要因〔交感・融合・共感・愛・連帯・集団的享受・感受性・「開かれた心」……〕③ブッダ要因〔解脱・透徹、超越・観想、覚識、自己認識・自己統一性……〕。

プロメテウス要因をいわば、具体的な未来に向って開かれた現在の充実として、またディオニソス要因を、具体的な他者に向って開かれた自我の充実としてとらえるならば、ブッダ要因は時空の無限性に向って直接に開かれた意識の充実、あるいは充実それ自体

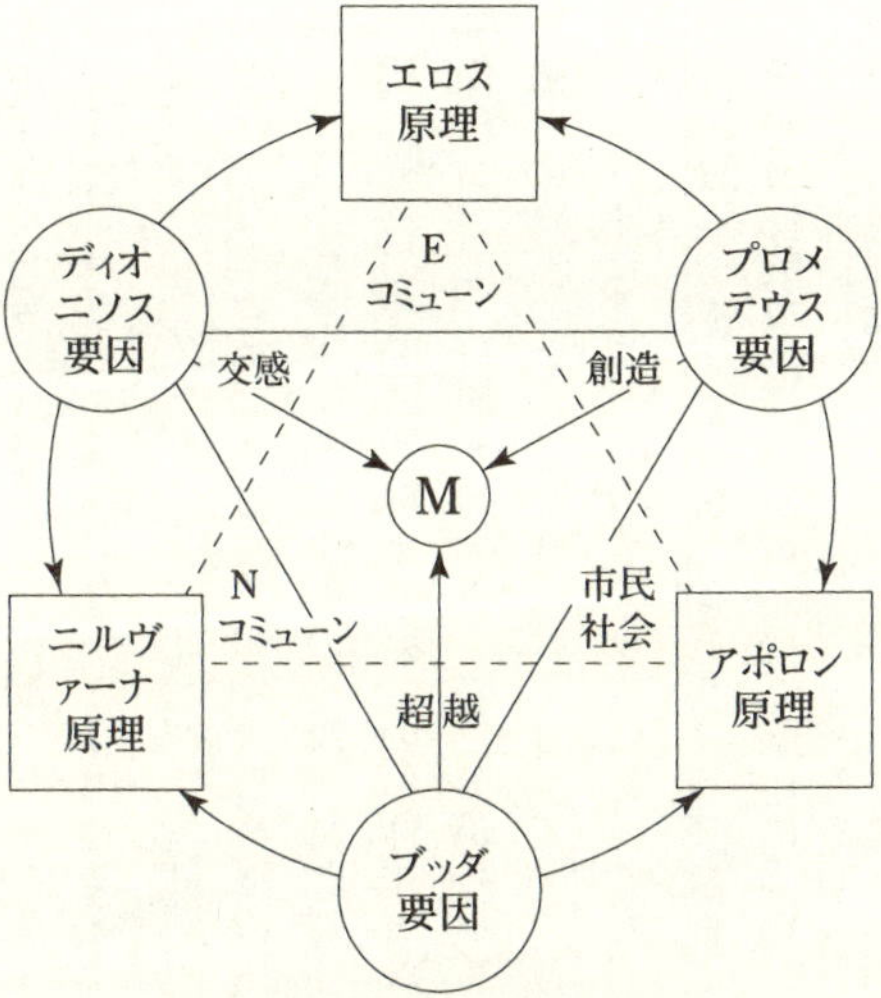

Mはモリスが,三要因の統合型を「マイトレーヤ」型と名づけたことにもとづく

を放下した自我の、全宇宙への遍在化としてとらえることができよう。

するとこれまでの論議のなかに登場した種々の原理や要因は、図のように関連づけられる。〔ここでアポロンの原理とは、ベネディクトの指摘するようにディオニソス要因の対極をなすものである。この均衡と秩序の原理は、市民社会の論理として、エロス的およびニルヴァーナ的な原理のそれぞれと対立している〕

それぞれの要因や原理についての具体化されたイメージや、その相互の緊張や浸透の関係について、付記すべき多くのことがらがあるが、ここではいっさいを省略しよう。

私自身の志向するところはもちろん、一つの社会の内部においても、一つの集団の内部においても、一人の生涯のうちにおいても、プロメテウス的、ディオニソス的、ブッダ的な生を、相互に増幅し徹底化する交響性として実現することにある。

その具体的な形態いかんという問いについては、そのつどたえず還元不可能な状況のなかで創出されるべき問題であって、あらかじめプログラムされるべき問題ではない。

人類の歴史はたとえみじかいとはいえ、一億や二億の年月はおそらく生きつづけるであろうし、その最初の百分の一ほどの歴史のなかに解答を見出せなかったからといって、われわれの想像力をその貧寒なカタログのうちにとじこめてしまってはならないだろう。

われわれとしてはただ綽々と、過程のいっさいの苦悩を豊饒に享受しながら、つかのまの陽光のようにきらめくわれわれの「時」を生きつくすのみである。

あとがき

ここで追求しようとしたことは、思想のひとつのスタイルを確立することだった。生活のうちに内化し、しかしけっして溶解してしまうのではなく、生き方にたえずあらたな霊感を与えつづけるような具体的な生成力をもった骨髄としての思想、生きられたイメージをとおして論理を展開する思想。それは、解放のためのたたかいは必ずそれ自体として解放でなければならない、という、以前の仕事の結論と呼応するものだ。〈心のある道〉でないような革命は、必ずそれ自体あらたな抑圧の体系に転化するだろう。

生きられたイメージをとおして展開される論理は、抽象化された記号の進行する論理とくらべて、かえって伝わりにくいこともある。けれども後者の、抽象の地平におけるわかりやすさとは、ひとつの貧しい自己完結にすぎない。「理解することは変ること」

〈サルトル〉なのだ。イメージの論理もまた、もうひとつの貧しい自己完結となる可能性をいつももっている。けれどもそれが、その中核に硬質の論理をもっているかぎり、はるかに巨大な生活の生成力をもつことができるという可能性の方に、いまの私は賭けたいと思う。

ドン・ファンやドン・ヘナロの生きる世界や、インドやブラジルやメキシコのインディオたちの生きる世界は、さしあたりわれわれにとって〈異世界〉としてたちあらわれる。けれども私はこれらの世界を、異世界としての異世界として描こうとしたのではない。現代社会をひとつの凝固した物象としてみるのではなく、その存立の構造においてみるかぎり、巨視的な世界の構造においても、微視的な自我の構造においても、これら〈異世界〉への抑圧のうえにはじめて、われわれの合理化された日常性がなりたっていることがわかる。そうであればこそ、それらはけっしてわれわれの生きる世界の外なるユートピアではなく、われわれ自身の世界の内部、自我の内部に呼応する解放の拠点となるのだ。

われわれの自我の深部の異世界を解き放つこと。

文庫版あとがき

『気流の鳴る音』は、一九七三年から七六年にかけての、インドとヨーロッパ、メキシコとアメリカ合衆国、ブラジルとラテン・アメリカ諸国への旅の終わりに、夏の暑い日に一気に書かれた。旅から帰ったら開始しようと考えていた、〈近代のあとの時代を構想し、切り開くための比較社会学〉という夢の仕事の、荒い最初のモチーフとコンセプトとを伝えるために、カスタネダの最初の四作は魅力的な素材であると思えたからである。

『気流の鳴る音』の中に渾沌と投げ込まれているモチーフたちはその後、『時間の比較社会学』（一九八一年）と『自我の起原』（一九九三年）を中心とする仕事のシリーズの中に、一つ一つの形をとって立ち上がり、増殖し、展開して定着してきた。『旅のノートから』（一九九四年）というアルバムは、直接に『気流の鳴る音』の視覚的な補註のようなものとして作られた。

これからもなおさまざまなモチーフがこの渾沌の内から立ち上がり、わたしの中で、他者たちの中で、そして見知らぬ世代たちの中で、さまざまに呼応しながら、新しくおどろきに充ちた冒険と成熟をくりかえしてゆくことに心を躍らせている。

カバー写真は、インカのチチカカ湖の葦舟の行く道。「両岸」もまた果てしなくトトーラ葦の密生する湖である。

真木　悠介

二〇〇三年一月

■初稿発表覚書き

気流の鳴る音

序　「共同体」のかなたへ　『展望』一九七六年九月号

I　カラスの予言――人間主義の彼岸
II　「世界を止める」――〈明晰の罠〉からの解放
　『展望』一九七六年十月号

III　「統禦された愚」――意志を意志する
IV　「心のある道」――〈意味への疎外〉からの解放
結　根をもつことと翼をもつこと
　『展望』一九七六年十二月号

旅のノートから

骨とまぼろし（メキシコ）　『朝日新聞』一九七五年十月三日夕刊

ファベーラの薔薇（ブラジル）　『朝日新聞』一九七六年五月十七日夕刊

時間のない大陸（インド）　『朝日新聞』一九七四年三月一日夕刊

交響するコミューン

交響するコミューン
（原題　欲求の解放とコミューン）　『朝日ジャーナル』一九七三年一月五―十二日号

この作品は一九七七年五月二〇日、筑摩書房より刊行された。

倫理とは何か　永井均

「道徳的に善く生きる」ことを無条件には勧めず、道徳的な善悪そのものを哲学の問いとして考究する、不道徳な倫理学の教科書。（大澤真幸）

増補 ハーバーマス　中岡成文

非理性的な力を脱する一方、人間疎外も強まった近代社会。その中で人間のコミュニケーションへの信頼を保とうとしたハーバーマスの思想に迫る。

夜の鼓動にふれる　西谷修

20世紀以降、戦争は世界と人間をどう変えたのか。思想の枠組みから現代の戦争の本質を剔抉する。文庫化に当たり「テロとの戦争」についての補講を増補。

ウィトゲンシュタイン『論理哲学論考』を読む　野矢茂樹

二〇世紀哲学を決定づけた『論考』を、きっちりと理解しその生き生きとした声を聞く。真に読みたい人のための傑作読本。増補決定版。

科学哲学への招待　野家啓一

科学とは何か？　その営みにより人間は本当に世界を理解できるのか？　科学哲学の第一人者が、知の歴史のダイナミズムへと誘う入門書の決定版！

論理と哲学の世界　吉田夏彦

哲学が扱う幅広いテーマを順を追ってわかりやすく解説。その相互の見取り図を大きく描きつつ、論理学の基礎へと誘う大定番の入門書。（飯田隆）

ソフィストとは誰か？　納富信留

ソフィストは本当に詭弁家にすぎないか？　哲学成立とともに忘却された彼らの本質を精緻な文献読解により喝破し、哲学の意味を問い直す。（鷲田清一）

哲学の誕生　納富信留

哲学はどのように始まったのか。ソクラテスとは何者かをめぐる論争にその鍵はある。古代ギリシアにおける哲学誕生の現場をいま新たな視点で甦らせる。

西洋哲学史　野田又夫

西洋を代表する約八十人の哲学者を紹介しつつ、哲学の基本的な考え方を解説。近世以降五百年の流れを一望のもとに描き出す名テキスト。（伊藤邦武）

柳宗悦コレクション2 もの　柳宗悦

柳宗悦の「もの」に関する叙述を集めたシリーズ第二巻。カラー口絵の他、日本民藝館所蔵の逸品の数々を新撮し、多数収録。（柚木沙弥郎）

柳宗悦コレクション3 こころ　柳宗悦

柳思想の最終到達点「美の宗教」に関する論考を収めたシリーズ最終巻。阿弥陀の慈悲行を実践しようとした宗教者・柳の姿が浮び上がる。（阿満利麿）

総力戦体制　山之内靖　伊豫谷登士翁／成田龍一／岩崎稔編

戦後のゆたかな社会は敗戦により突如もたらされたわけではない。その基礎は、戦時動員体制において形成されたものだ。現代社会を捉え返す画期的論考。

『「いき」の構造』を読む　安田武　多田道太郎

日本人の美意識の底流にある「いき」という概念。九鬼周造の名著を素材に、二人の碩学があざやかに軽やかに解きほぐしていく。（井上俊）

最後の親鸞　吉本隆明

宗教以外の形態では思想が不可能であった時代に、仏教の信を極限まで解体し、思考の涯まで歩んでいった親鸞の姿を描ききる。（中沢新一）

ハイ・イメージ論（全3巻）　吉本隆明

思想の巨人・吉本隆明の独創と構想力を兼ね備えた円熟期の代表作。現在という未知の核心へとわれわれを誘う新たな歴史哲学あるいは文明論の試み。

ハイ・イメージ論Ⅰ　吉本隆明

解体と創造、連続と非連続の現場を透視し続ける批評の力技。確信の場所より、様々なイメージの死と誕生のドラマが紡ぎ出される。（芹沢俊介）

ハイ・イメージ論Ⅱ　吉本隆明

価値・生命・言語・神といった古典的主題への迂回を経て、さらに現在へと向かう世界視線より見えてくるものは？　批評の冒険。（芹沢俊介）

ハイ・イメージ論Ⅲ　吉本隆明

パラダイム・シフトが起きた80年代から現在まで、世界原理の変容を様々な場所より提示する諸論考。未知なる現在を超えて！（芹沢俊介）

思想のアンソロジー　吉本隆明

『古事記』から定家、世阿弥、法然、親鸞、宣長、折口、大拙、天草方言まで。自らの思索の軌跡をアンソロジーに託して綴った、日本思想史のエッセンス。

中国の知恵　吉川幸次郎

「論語」を貫き流れているものは、まったき人間肯定の精神である――最高の碩学が描きだす人間・孔子の思想と生涯。数篇を増補。（加地伸行）

養老孟司の人間科学講義　養老孟司

ヒトとは何か。「脳‐神経系」と「細胞‐遺伝子系」。二つの情報系を視座に人間を捉えなおす。養老「ヒト学」の到達点を示す最終講義。（内田樹）

記号論　吉田夏彦

文字、数字、絵画、空の雲……人間にとって世界は記号の集積であり、他者との対話にも不可欠のツールだ。その諸相を解説し、論理学の基礎へと誘う。

モードの迷宮　鷲田清一

拘束したり、隠蔽したり……。衣服、そしてそれを身にまとう「わたし」とは何なのか。スリリングに語られる現象学的な身体論。（植島啓司）

新編 普通をだれも教えてくれない　鷲田清一

「普通」とは、人が生きる上で拠りどころとなるもの。それが今、見えなくなった……。身体から都市空間まで、「普通」をめぐる哲学的思考の試み。（苅部直）

くじけそうな時の臨床哲学クリニック　鷲田清一

やりたい仕事がみつからない、頑張っても報われない、味方がいない……。そんなあなたに寄り添いながら、一緒に考えてくれる哲学読み物。（小沼純一）

「聴く」ことの力　鷲田清一

「聴く」という受け身のいとなみを通して広がる哲学の可能性を問い直し、ホモ・パティエンスとしての人間を丹念に考察する代表作。（高橋源一郎）

初版 古寺巡礼　和辻哲郎

不朽の名著には知られざる初版があった！　若き日の熱い情熱、みずみずしい感動は、本書のイメージを一新する発見に満ちている。（衣笠正晃）

ちくま学芸文庫

気流《きりゅう》の鳴《な》る音《おと》

二〇〇三年三月十日 第一刷発行
二〇二二年八月三十日 第十七刷発行

著者 真木悠介（まき・ゆうすけ）
発行者 喜入冬子
発行所 株式会社 筑摩書房
東京都台東区蔵前二―五―三 〒一一一―八七五五
電話番号 〇三―五六八七―二六〇一（代表）
装幀者 安野光雅
印刷所 株式会社精興社
製本所 株式会社積信堂

ISBN4-480-08749-4 C0136